MARTIN RACKWITZ
125

Schleswig-Holsteinische Landesbibliothek

MARTIN RACKWITZ

125
VON ARCHIV BIS ZUKUNFT

125 Jahre Schleswig-Holsteinische Landesbibliothek in 125 Stichworten

Herausgegeben von der Schleswig-Holsteinischen Landesbibliothek
unter Redaktion von Martin Lätzel und Maike Manske
Mit einem Vorwort von Karin Prien
Mit Fotografien von Tom Körber

Wachholtz

VORWORT

Liebe Leserinnen und Leser,

im Jahr 2020 feiert die Schleswig-Holsteinische Landesbibliothek ihr 125-jähriges Bestehen – ein Anlass, sich auf die Spuren der Geschichte dieser Landeseinrichtung zu begeben und gleichzeitig in die Zukunft zu schauen.

Die Landesbibliothek beherbergt seit vielen Jahrzehnten einen wertvollen Teil des kulturellen Gedächtnisses unseres Landes – überliefert in Druckwerken, Autografen, Musikalien, Bilddokumenten und Objekten. Die öffentliche Zugänglichkeit dieser Quellen für jedermann ist Ausdruck unseres demokratischen Selbstverständnisses.

»Der Speicher an der Förde« ist jedoch nicht nur ein Speicherort des kulturellen Erbes, sondern auch ein Scharnier zwischen Bildung, Wissenschaft und Forschung – ein »dritter Ort«, an dem Geschichte des Landes erfahrbar und erlebbar wird. Zukunft braucht Erinnerung. An einem zentralen Ort schleswig-holsteinischer Identität und Geschichte entsteht deswegen etwas Neues und Innovatives – mit Vorbild- und Experimentiercharakter für weitere Initiativen im Land.

Kulturelle Tradition und Wissen zu erhalten und gleichzeitig in ein neues digitales Zeitalter zu transportieren – das sind die Herausforderungen und Chancen einer modernen Landesbibliothek.

Dieser Jubiläumsband ist ein kleiner, bunter Streifzug durch die wechselseitige Geschichte der Bestände sowie der vielseitigen Aufgaben und strukturellen Herausforderungen der Landesbibliothek. Von »Archiv« bis »Zukunft«, von »Identität« bis »Illustration«, von »Begegnung« bis »Offenheit«. Er erinnert an unsere bewegte Landesgeschichte als identitätsstiftendes Fundament unserer heutigen Gesellschaft. Er wirft Schlaglichter auf einen breiten Bestand an Quellen, die hier in einer Auswahl vorgestellt werden. Und er blickt auf die Begrifflichkeiten der Zukunft.

Im Zentrum stehen Tradition und Innovation – präsentiert in 125 bunten Schlagworten, die neugierig machen und einladen, die Landesbibliothek zu erforschen, zu erfahren und zu erleben.

Ich wünsche Ihnen viel Spaß beim Schmökern.
Herzliche Grüße

Karin Prien
Ministerin für Bildung, Wissenschaft und Kultur des Landes Schleswig-Holstein

VORWORT DER HERAUSGEBER

Jede Zeit hat ihre Geschichten, die es zu erzählen gilt – und ihre Herausforderungen. Wie die Zeit in Bewegung ist, sind auch die Geschichten, die wir uns erzählen, bewegend.

Die Schleswig-Holsteinische Landesbibliothek blickt 2020 auf 125 Jahre Institutionsgeschichte zurück. Im Dezember 1895 richtete der Provinzialausschuss, das Verwaltungsorgan der preußischen Provinz Schleswig-Holstein, seine als »Ständische Bibliothek« bezeichnete Büchersammlung als eigenständige Institution ein. Seitdem fungiert die Schleswig-Holsteinische Landesbibliothek als kulturelles Gedächtnis des Landes, als Sammlungs- und Vermittlungsort für die breitgefächerten Bestände aus fünf Jahrhunderten. Sie ist Dreh- und Angelpunkt für quellenbasierte landesgeschichtliche und -kundliche Forschung und ein Treffpunkt für alle, die sich für Kultur, Geschichte und Tradition Schleswig-Holsteins interessieren. Oft musste die Bibliothek den geographischen Standort wechseln: vom Haus der Provinzialverwaltung in der Kieler Gartenstraße über das Kieler Schloss, im Krieg zeitweise ausgelagert ins Kloster Cismar, provisorisch untergebracht in einer ehemaligen Kaserne im Kieler Norden, wieder im Kieler Schloss – bis schließlich in den Sartori & Berger-Speicher am Wall.

Ein Ort der Bewahrung von Kulturgut zu sein, bedeutet nicht zwangsläufig, selbst still zu stehen. Kultur ist ein Prozess. So geht die Landesbibliothek stetig in Richtung Zukunft, um das kulturelle Erbe des Landes nachhaltig zu speichern und zu vermitteln. Es gilt, auf gesellschaftliche Bedürfnisse zu reagieren – und zwar traditionsbewusst und zeitgemäß zugleich. Dazu gehören die Erweiterung der Bibliothek um einen »Digitalen Knotenpunkt« als Kompetenzzentrum für alle Fragen rund um Digitalität und Kultur und die Ansiedlung eines digitalen Hauses der Landesgeschichte. Derzeit planen wir ein neues Erlebnis durch umfangreiche Umbaumaßnahmen. Die Landesbibliothek soll ein »Dritter Ort« in Kiel und für Schleswig-Holstein werden. Diese neuen Wege der Landesbibliothek zeigen, wie wir uns bewegen und Tradition mit Zukunft sowie Erbe und Fortschritt miteinander verbinden.

125 Jahre Landesbibliothek bieten Anlass genug, sich diesem Prozess zu widmen. Mit 125 Schlagwörtern wirft dieser Band einen bunten, informativen, aber auch mal humorvollen Blick auf die Landesbibliothek in all ihren Facetten, mit ihrem Quellenreichtum, aber auch ihrem Spektrum an Aufgaben und Herausforderungen – von »Archiv« bis »Zukunft«.

Was hat Lorenz von Stein mit Japan zu tun? Was ist eigentlich die Aufgabe der Pflichtstelle? Was sind born digitals, Provenienzforschung oder Tintenfraß? Was bedeutet Digitalisierung überhaupt?

Die Schleswig-Holsteinische Landesbibliothek ist ein Ort der Erhaltung und Konservierung in einer sich stetig verändernden Welt. Auch in der Bildsprache dieses Jubiläumsbandes bildet dieser Gedanke die Grundlage für die fotografische Inszenierung der Exponate. Im Gegensatz zur klassischen simultanen Farbfotografie wurden die

Farbauszüge für Rot, Grün und Blau zeitlich versetzt aufgenommen – und schon entsteht eine bildliche Dynamik, die nicht stillzustehen vermag. Wie farbige Schatten entfalten sich so die Lagen der Zeit. Sie erlauben uns einen Einblick in die Geschichte des Landes, aber auch die tägliche Arbeitsweise der Landesbibliothek. So lugt hinter dem wissenschaftlichen Gehalt und der ästhetischen Anmut einer Handschrift auch mal ein hölzerner Zettelkatalog, hinter einer wertvollen historischen Landkarte ein flimmernder Monitor hervor.

Wir möchten uns abschließend bei allen Beteiligten bedanken – insbesondere bei Martin Rackwitz, dem ein wunderbarer Rundumblick mit viel Gespür für das Detail gelungen ist. Für die gelungene fotografische Ablichtung der Objekte und Arbeitssituationen der Landesbibliothek in ihrem Alltagskontext danken wir Tom Körber ganz herzlich – und ebenso den Designern Teresa Döge und Björn Schmidt für das innovative, vielseitige Gestaltungs- und Fotografiekonzept.

Ein abschließender großer Dank gilt der Firma Sartori & Berger und dem Verein Historische Landeshalle e. V. für die großzügige finanzielle Unterstützung dieses Bandes.

Wir wünschen allen Leser*innen eine anregende Lektüre – und freuen uns, Sie einmal persönlich in der Schleswig-Holsteinischen Landesbibliothek zu begrüßen!

Für die Landesbibliothek

Martin Lätzel und Maike Manske

»Nur wer die Vergangenheit kennt, hat eine Zukunft!«
Wilhelm von Humboldt (1767–1835)

[001] ARCHIV Das von staatlichen Verwaltungen produzierte Schriftgut wird in Archiven für die Nachwelt aufbewahrt. Wo aber wird das kreative Schaffen unserer schleswig-holsteinischen Autor*innen und Künstler*innen für die Zukunft gesichert und zugleich der Öffentlichkeit zugänglich gemacht? Hier kommt die Landesbibliothek ins Spiel, sie ist das kulturelle Gedächtnis unseres Landes. Sie verwahrt neben Druckmedien und digitalen Medien auch zahlreiche Unikate – darunter 200 000 Handschriften und 28 000 Notendrucke, über 30 000 Bilddokumente und viele weitere Raritäten zur Landesgeschichte und -kunde Schleswig-Holsteins. Um diese Dokumente nutzbar zu machen, werden sie erschlossen, über Findbücher dokumentiert und katalogisiert. Die größte Herausforderung ist die konservatorische Betreuung der Bestände – also dafür zu sorgen, dass sie dauerhaft erhalten bleiben.

[002] ASTRONOMIE Nur die wenigsten wissen, dass Kiel in der Geschichte der internationalen Astronomie einst große Bedeutung hatte. Schon 1793 experimentierte der Kieler Physikprofessor Johann Schrader mit einem Riesenteleskop nach dem Vorbild Friedrich Wilhelm Herschels in Gaarden. 1869 ließ Friedrich von Bülow auf seinem Gut Bothkamp südlich von Kiel eine moderne private Sternwarte mit dem seinerzeit größten Teleskop in Deutschland errichten. Die 1874 in Düsternbrook gebaute Sternwarte erlangte schnell große Bedeutung für die internationale Seefahrt. Ab 1883 meldeten über 40 Himmelsobservatorien auf der ganzen Welt ihre Beobachtungen an die in der Kieler Sternwarte eingerichtete »Zentralstelle für astronomische Telegramme«. Hier wurden auch die für die weltweite Schifffahrt wichtigen »Astronomischen Nachrichten« herausgegeben, die zur sicheren Navigation auf den Weltmeeren beitrugen. Heute zeugt von der einstigen Bedeutung Kiels in der Astronomie nur noch wenig. Schraders Teleskop befindet sich in der Universität Jena, und in Bothkamp steht noch das Fundament der Sternwarte. Das Observatorium in Düsternbrook wurde 1938 geschlossen. In der Landesbibliothek aber gibt es alte Kupferstiche und Beschreibungen aller drei Teleskope und Observatorien, die einst Kiels guten Ruf in der Astronomie begründeten.

[003] AUSKUNFT Die Auskunft ist für die Besucher der erste Anlaufpunkt in der Landesbibliothek und dient als Wegweiser durch den Informationsdschungel. Die Bibliothekar*innen an der Auskunft helfen vor allem bei der Suche nach Literatur in den Katalogen oder Datenbanken. Dabei geht es nicht nur um das Finden und Bestellen eines bestimmten Mediums, sondern vor allem um die Vermittlung von Informationskompetenz, d. h. wie der Nutzer vorgehen muss, um an die gewünschten Informationen zu gelangen, was bei drei verschiedenen Katalogen (Bandkatalog, Zettelkatalog und Computerkatalog) nicht immer einfach ist. Da die Bibliotheken in der modernen Mediengesellschaft ihre Aufgaben neu definieren müssen, gilt besonders für die Bibliotheksauskunft der Wandel von einer bestandsorientierten Auskunftskultur zu einem nutzerorientierten Informationsdienst, der sich an den Wünschen und Fragen des Besuchers orientiert. In Zukunft kommt der Nutzer weniger zur Auskunft, stattdessen kommt die Auskunft über digitale Informationsangebote auf den Nutzer zu.

[004] AUSSTELLUNG Die Art und Weise, wie Museen oder Bibliotheken ihre Schätze zeigen, ist auch ein Spiegel der Zeit. Viele Prunkstücke der Landesbibliothek stammen aus der 1897 als landesgeschichtliches Museum gegründeten Historischen Landeshalle, die 1935 in die Landesbibliothek integriert wurde. Von 1966 bis 1981 zeigte die Landesgeschichtliche Sammlung einen Teil ihrer Objekte im Rahmen der Dauerausstellung »Nordelbingen – Bilder zur Geschichte Schleswig-Holsteins« im Kieler Schloss. Danach wurden die Objekte nur noch in thematischen Sonderausstellungen z. B. zu einzelnen Dichtern und Künstlern oder wichtigen landesgeschichtlichen Ereignissen gezeigt. Das Digitalzeitalter eröffnet ganz neue Möglichkeiten der Präsentation der Objekte, ohne über einen festen Ausstellungsort zu verfügen.

[005] AUTOGRAF Wer kennt nicht Theodor Storms oft zitierte Zeilen »Von drauß' vom Walde komm ich her; Ich muß euch sagen, es weihnachtet sehr!« Die handschriftliche Urfassung des bekanntesten deutschen Weihnachtsgedichts wird in Storms Nachlass verwahrt. Das Autograf ist der große Bruder des Autogramms – die eigenhändige Niederschrift eines Verfassers, am besten mit seiner Unterschrift. Je berühmter der Verfasser ist, desto wertvoller wird das Autograf als Sammlerobjekt. Insgesamt verfügt die Landesbibliothek über ca. 200 000 Autografen von privaten Briefen über Tagebücher bis zu umfangreichen Buchmanuskripten. »Leserlichkeit ist die Höflichkeit der Handschriften«, sagte einmal der Schweizer Schriftsteller Friedrich Dürrenmatt. So gesehen scheinen sich einige Autoren mit ihrer Handschrift geradezu einen Spaß daraus gemacht zu haben, Generationen von Historikern und Familienforschern auf die Probe zu stellen. Nicht so Theodor Storm, der – seiner säuberlich-akkuraten Kurrentschrift nach zu urteilen – ein ausgesprochen höflicher Mensch gewesen sein muss.

[006] BEGEGNUNG Bibliotheken sind Orte der Begegnung, mit der Geschichte, mit der Gegenwart und mit der Zukunft. Vor allem trifft man hier andere Menschen. Jenseits von Familie, Schule oder Beruf wird die Landesbibliothek eine Begegnungsstätte, die Menschen aus allen Altersgruppen und Bevölkerungsschichten anspricht und in lockerer Atmosphäre zusammenbringt. Als Informationszentrum und Lernort wird sie ein breites Bildungsangebot mit modernen elektronischen Medien bieten und über die reine Ausleihe oder Benutzung von Büchern hinaus zum Verweilen einladen. Ein buntes Veranstaltungsprogramm von Lesungen, Vorträgen, Konzerten, Zoom-Cafés aber auch Webinaren und Konferenzen on- und offline macht die Bibliothek zu einem gesellschaftlichen Treffpunkt und Erlebnis im Herzen Kiels. Wundern Sie sich also nicht, wenn Sie neben dem Wissenschaftler im Lesesaal auch Schüler*innen und Student*innen beim Gaming im neuen Foyer der Landesbibliothek treffen.

[007] BIBLIOGRAFIE ... oder wo finde ich was über Schleswig-Holstein? Die Schleswig-Holsteinische Bibliografie wird in der Landesbibliothek erarbeitet und verzeichnet möglichst vollständig das gedruckt erschienene Schrifttum über das Land Schleswig-Holstein, zu einzelnen Orten und Regionen und zu Personen, die hier gelebt und gewirkt haben. Sie basiert auf der gedruckten Bibliografie von 1930 bis 2006 und ist seit dem Berichtsjahr 1999 als stetig aktualisierte Internet-Datenbank verfügbar. Die Bibliografie umfasst auch Literatur zu ehemaligen schleswig-holsteinischen Gebieten wie z. B. Hamburg-Altona oder Nordschleswig, sofern die Literatur sich auf die Zeit der Zugehörigkeit dieser Gebiete zu Schleswig-Holstein bezieht. Ebenfalls aufgenommen werden Publikationen, die grenzüberschreitende Themen wie z. B. Verkehr, Küstenschutz oder Minderheiten betreffen. Da die Landesbibliothek das Pflichtexemplarrecht besitzt, können nahezu alle in der Bibliografie verzeichneten Titel auch vor Ort eingesehen oder ausgeliehen werden.

[008] BIBLIOTHEKSLANDSCHAFT Für ein kleines Bundesland hat Schleswig-Holstein eine ausgesprochen reiche Bibliothekslandschaft. Zu den alten historisch gewachsenen Bibliotheken gehören die Universitätsbibliothek Kiel, die 1665 aus der Bordesholmer Klosterbibliothek hervorgegangen ist und einen Sammlungsschwerpunkt in der Nordischen Literatur hat, und die Eutiner Landesbibliothek, die Anfang des 19. Jahrhunderts aus zwei Privatbibliotheken und der Hofbibliothek der Fürstbischöfe von Lübeck entstanden ist. Sie verfügt über die umfangreichste Sammlung an Reiseliteratur in Deutschland und ist seit 1992 Sitz der Forschungsstelle zur historischen Reisekultur. Daneben entstanden in vielen Herrenhäusern auf dem Land kleinere Bibliotheken, von denen einige inzwischen als Herrenhausbibliotheken in der Schleswig-Holsteinischen Landesbibliothek aufgestellt sind.

Die Beratung und Betreuung der kleineren Bibliotheken in Fragen der Digitalisierung wird in Zukunft zu den Kernaufgaben der Landesbibliothek gehören. Das ZBW – Leibniz-Informationszentrum Wirtschaft ist die weltweit größte und modernste Spezialbibliothek für wirtschaftswissenschaftliche Literatur. Jede dieser Bibliotheken hat ihr eigenes unverkennbares Profil und trägt so zu der äußerst vielseitigen Bibliothekslandschaft Schleswig-Holstein bei.

[009] BORN DIGITAL »Born digitals« sind genuin digital erzeugte Güter, die auch in der Kultur in Zukunft immer mehr an Bedeutung gewinnen werden. Im Mittelalter schrieben Mönche Schriftgut mühsam von Hand ab (kopieren), bis der Buchdruck um 1500 eine massenhafte Verbreitung von Schriften ermöglichte. Im 21. Jahrhundert werden viele Kulturgüter wie z. B. eine Fotografie mit einer Digitalkamera von Anfang an digital erzeugt und existieren nur als digitales Daten-Unikat. Die langfristige Aufbewahrung und Sicherung solcher »born digitals« mit Bezug zu Schleswig-Holstein ist eine ebenso wichtige Aufgabe der Landesbibliothek wie die Aufbewahrung mittelalterlicher Handschriften oder früher Buchdrucke. Ein Beispiel für »born digitals« sind die Daten auf dem PC der schleswig-holsteinischen Schriftstellerin, Schauspielerin und Hörfunksprecherin Irmgard Selk-Harder (1922–2012), den die Landesbibliothek zusammen mit ihrem Nachlass übernommen hat.

[010] BRIEF Lange bevor die Menschen nur noch über SMS, WhatsApp und Twitter kommunizierten, griffen sie zu Papier und Stift und schrieben sich Briefe. Manche Zeitgenossen

tauschten sich auch schon damals mit hoher Frequenz aus: So schrieb Theodor Storm seiner Verlobten Constanze Esmarch mehrfach täglich, was an die 300 Brautbriefe bezeugen. Der Soziologe Ferdinand Tönnies hinterließ der Nachwelt sogar über 10 000 Korrespondenzen. Welch ideeller Wert diesen Briefen als Unikate zukam, zeigen die Reisebriefe der in Thumby an der Schlei geborenen Schriftstellerin Helene Voigt-Diederichs (1875–1961), welche mit bunter Spitzenschleife säuberlich zusammengebündelt in ihrem Nachlass in der Landesbibliothek liegen. Vielleicht sollte die Post die Werbekampagne »Schreib mal wieder« aus den 1980er Jahren neu auflegen, damit der Brief als Kulturgut nicht ausstirbt.

[011] BRIEFMARKE Als Wilhelm Hans Ahlmann 1850 die Briefmarke als Porto für die Beförderung von Post in Schleswig-Holstein einführte, hatte er viel mehr als nur die Modernisierung des Postwesens im Sinn. Die kleinen Stücke bedrucktes Papier sollten viel Größerem Vorschub leisten – der nach außen hin sichtbaren Unabhängigkeit der Herzogtümer Schleswig-Holstein als eigenständiger deutscher Staat. Daher zeigten die verschiedenen Entwürfe die Wappen der Herzogtümer, die schleswigschen Löwen und das holsteinische Nesselblatt, wahlweise unter einer Herzogskrone oder in einem doppelköpfigen deutschen Adler. Als die Briefmarken im November 1850 eingeführt wurden, waren die aufständischen Schleswig-Holsteiner allerdings schon militärisch besiegt und die Wiedereingliederung in den Dänischen Gesamtstaat war nur noch eine Frage der Zeit. So zeugen die schleswig-holsteinischen Briefmarken von 1850 vom gescheiterten Versuch der Loslösung von Dänemark. Die Landesbibliothek besitzt die Probedrucke zu diesen ältesten Briefmarken Schleswig-Holsteins.

[012] BUCH Die Erfindung des Buchdrucks mit beweglichen Lettern in der Mitte des 15. Jahrhunderts stellte für die Verbreitung von Informationen und Wissen eine Revolution dar. Bis zur digitalen Transformation im späten 20. Jahrhundert waren Bücher – und damit die Bibliotheken – die zentralen Speicherorte für Wissen. Die Landesbibliothek verfügt über ungefähr 230 000 Bücher. Legte man alle diese Bücher nebeneinander, so ergäbe das eine Strecke von 34,5 Kilometern oder von Kiel bis Neumünster. Legte man sie übereinander, so ergäbe das einen Berg von 4,6 Kilometern Höhe. Heute lässt sich der gesamte Inhalt dieser Bücher als Digitalisat auf wenigen leistungsstarken Festplatten oder in einer Cloud speichern und in Sekundenschnelle um die ganze Welt schicken. Bei allem technischen Fortschritt bleibt eines: Das Haptische eines Buchs lässt sich durch Nullen und Einsen nicht ersetzen.

[013] BÜCHERWISSEN Ein »Eselsohr« kennt jeder – aber was haben eine »Ledercke«, ein »Kopfschnitt« und ein »Oktav« gemeinsam? Es sind allesamt Fachbegriffe zum Beschreiben eines Buches. Ein Buch besteht – von außen nach innen – aus dem Buchdeckel, dem Vorsatz, einem fliegenden Blatt und dem Schmutztitel (der heißt wirklich so!), bevor der Leser das Titelblatt erreicht. Die Lederecken schützen die Ecken des Buchdeckels. Das Buch steht auf der Unter- oder Stehkante, zwischen der Oberkante ist der Kopfschnitt. Das Buchformat

Blatt 25
Farbenproben für die erste Ausgabe, wovon es je 100 Abzüge gibt
1 Schilling blau
2 Schilling rosa
3 Schilling gelb (etwas verblichen)
3 Schilling grün
Blatt 1b
Blatt 2
URKUNDE
TAG DER BRIEFMARKE KIEL
Briefeinlieferungsschein aus dem Jahre 1787
Frachtpost-Versendungs-Attest aus dem Jahre 1838
Essays und Probedrucke zu den ersten Schleswig-Holsteinischen Marken

gibt an, wie viele Blätter der Buchdrucker aus einem Bogen Papier erstellen kann. Zugrunde gelegt wird dabei der römische Pergamentbogen. Da dieser aber nicht allen geläufig ist, gibt es die gängigen Formate hier in Zentimetern: Ein 2° (Folio, 2 Blätter, 4 Seiten) hat eine Höhe von 40–45 cm, ein 4° (Quart, 4 Blätter, 8 Seiten) von 25–35 cm, ein 8° (Oktav, 8 Blätter, 16 Seiten) von 18,5–22,5 cm, ein 12° (Duodez, 12 Blätter, 24 Seiten) von 10–15 cm und ein 16° (Sedez, 16 Blätter, 32 Seiten) ist kleiner als 10 cm. Zwischen den einzelnen Formaten gibt es noch die Abstufungen Groß (Gr.) und Klein (Kl.). Mit diesem Fachwissen können Sie auf den alten Karteikarten die Größe des Buches sofort erkennen. Bücher schaffen nicht nur Wissen, sie sind auch eine Wissenschaft für sich.

[014] CHRONIK Als ein einfacher Pfarrer namens Helmold im Jahr des Herrn 1163 in Bosau am Plöner See begann, die Ereignisse seiner Zeit in Holstein aufzuschreiben, konnte er nicht wissen, welche Berühmtheit ihm sein Werk viele Jahrhunderte später als Geschichtsschreiber einbringen würde. Helmold von Bosaus »Chronica Slavorum« (Slawenchronik) beschreibt die Christianisierung der Westslawen seit der Zeit Kaiser Karl des Großen bis in Helmolds Gegenwart mit allen ihren Erfolgen und Rückschlägen. Mal haben die christlichen Sachsen im östlichen Holstein die Oberhand – dann wieder die heidnischen Slawen, sodass die Menschen zur Sicherheit auch mal die Gottheiten beider Religionen verehren. Die Landesbibliothek besitzt zwar nicht die Originalhandschrift der Chronica Slavorum, aber einen der ältesten Drucke aus dem Jahr 1556 dieser für die Geschichte Schleswig-Holsteins im Mittelalter einmaligen Chronik.

[015] DÄNEMARK Die Dänen haben nicht nur die älteste Monarchie in Europa, sondern mit dem Danebrog auch eine der ältesten Nationalflaggen der Welt. Soviel Geschichte und Tradition müssen betont werden! Das dachte sich wohl der dänische Geschichtsschreiber Saxo Grammaticus (* um 1160, † nach 1208), auch wenn der Danebrog zu seinen Lebzeiten noch nicht vom Himmel gefallen war. Zu den ältesten Druckwerken der Landesbibliothek gehört eine Erstausgabe der »Gesta Danorum« (Die Taten der Dänen) von Saxo Grammaticus, die 1514 in Paris gedruckt wurde. In geschliffenem Latein – daher der Beiname Grammaticus – schildert Saxo die Geschichte Dänemarks von den Anfängen des sagenhaften Reichsgründers Dan bis in seine Gegenwart zur Regierung König Knud VI. (gest. 1202), um so die herausragende Rolle seines Heimatlandes im Ostseeraum zu betonen. Die gedruckte Erstausgabe von 1514 besticht bereits auf den ersten Blick durch die filigrane Ornamentik ihres Titelblatts. Saxo Grammaticus hätte sich gefreut!

[016] DIGICULT Die Karteikarte ist Geschichte – heute werden Objekte in »digiCULT« erschlossen und der Welt gezeigt. Bereits im Jahr 2003 wurde das Projekt »digiCULT« zur digitalen Erfassung und Publikation ausgesuchter Museumsbestände in Schleswig-Holstein ins Leben gerufen. »DigiCULT« entwickelte neben einheitlichen Erfassungsparametern ein technologisches Konzept für die digitale Erfassung, Verbreitung, langfristige Sicherung und Präsentation von Kulturschätzen in Web-basierten Datenbanken. Inzwischen zeigen über 200 deutsche Museen mehr als 166 000

Danorum Regū heroūqz historię stilo elegāti a Saxone Grammatico natione Sialandico necnō Roskildensis ecclesię pręposito, abbinc supra trecentos annos cōscriptę et nūc primū literaria serie illustratę tersissimeqz impressę.

Objekte im Internet. Darüber hinaus sind die im »digiCULT«-Verbund gezeigten Objekte in übergeordnete Portale wie z. B. die Deutsche Digitale Bibliothek, Europeana oder den Gemeinsamen Bibliotheksverbund eingebunden. Auch die Schätze der Landesbibliothek werden über »digiCULT« für die Zukunft gesichert und weltweit zugänglich gemacht.

[017] DIGITALES HAUS DER LANDESGESCHICHTE Auf dem Türschild steht ganz bescheiden »Schleswig-Holsteinische Landesbibliothek«, doch das Haus ist weit mehr als nur eine Bibliothek: Es ist zugleich Museum, Archiv und auch ein bisschen Rüstkammer – alles unter einem Dach. Von Uniformen, Waffen und monumentalen Gemälden über Druckschriften, Handschriften zu Briefmarken, Münzen, Medaillen bis hin zu Geld und Notgeld. Ganz zu schweigen von Zehntausenden Fotografien, Notendrucken und Musikhandschriften. So spiegelt die Landesbibliothek die ganze Bandbreite der bewegten Geschichte und Kultur Schleswig-Holsteins wider. Die Ausstellungen und die Vermittlung der Objekte werden sich in Zukunft aus der Halle im Erdgeschoss ins Internet und in das digitale Haus der Landesgeschichte verlagern, das uns vom heimischen Sofa aus einen virtuellen Rundgang durch die schleswig-holsteinische Landesgeschichte ermöglichen soll.

[018] DIGITALISIERUNG Die Digitalisierung wird die Arbeits- und Lebensbedingungen der Menschen im 21. Jahrhundert so fundamental verändern wie die Industrialisierung zwei Jahrhunderte zuvor. Das gilt auch für den Kulturbereich. Die Technik, mehrdimensionale Objekte zu digitalisieren, er-

◄ [015] DÄNEMARK

öffnet auch den Kulturinstitutionen ganz neue Möglichkeiten. Über das Internet können Kulturgüter in Sekundenschnelle einem Millionenpublikum auf der ganzen Welt zugänglich gemacht werden, ohne dass sie dafür aus ihrer sicheren Verwahrung herausgeholt werden müssen. Insbesondere für Objekte, die unaufhaltsamen physischen und chemischen Alterungsprozessen unterliegen wie z. B. gedruckte Zeitungen oder Fotopapier, bietet die Digitalisierung auch neue Möglichkeiten der Langzeitarchivierung. Die Landesbibliothek ist in der Digitalisierung ihrer Bestände bereits weit vorangeschritten und wird als Zentrum für Digitalisierung in Zukunft die Kultureinrichtungen in Schleswig-Holstein auf dem Weg ins Digitalzeitalter unterstützen.

[019] DIREKTOR Dass es die Schleswig-Holsteinische Landesbibliothek überhaupt gibt, verdanken wir Rudolf von Fischer-Benzon (1839–1911), ihrem Gründer und Direktor von 1895 bis 1911. Für einen Bibliotheksdirektor hat Fischer-Benzon einen wahrlich ungewöhnlichen Lebenslauf. Aus einer dänisch-deutschen Adelsfamilie stammend, besuchte er die Domschule in Schleswig. Von 1859 bis 1865 studierte er Naturwissenschaften (Physik, Mathematik, Mineralogie, Botanik) in Kiel und wurde 1865 mit einer Arbeit über das Alter des Faxekalkes promoviert. Es folgten 30 Jahre als Hauslehrer in Kurland, Dozent an der Universität Kiel und Lehrer an den Gelehrtenschulen in Meldorf, Hadersleben, Husum und Kiel. Während dieser Zeit publizierte er bedeutende Werke zur Gartenflora und den Mooren Schleswig-Holsteins und übersetzte dänische Geschichtswerke. 1895 wurde er

zum Landesbibliothekar ernannt und baute aus den verschiedenen Büchersammlungen der Provinzialverwaltung die Provinzialbibliothek auf und zog von Anfang an Dänemark in das Sammlungsgebiet ein. Als Schriftführer der Gesellschaft für Schleswig-Holsteinische Geschichte knüpfte er die bis heute bestehende enge Verbindung zwischen der Landesgeschichte und der Landesbibliothek.

[020] EINSTEIN In den 1920er Jahren war der Physiker und Nobelpreisträger Albert Einstein ein regelmäßiger Gast in Kiel. In den Sommermonaten besuchte er den Kieler Erfinder und Unternehmer Hermann Anschütz-Kaempfe, in dessen Patentstreit um die Erfindung des Kreiselkompasses gegen den Amerikaner Elmer Ambrose Sperry er 1914/15 als Gutachter hinzugezogen worden war. Anschütz-Kaempfe gewann den Prozess und freundete sich mit Einstein an. Die beiden segelten regelmäßig zusammen auf der Förde, und fast wäre es Anschütz-Kaempfe gelungen, dem berühmten Physiker einen Lehrstuhl an der Christian-Albrechts-Universität zu verschaffen. Dieses Vorhaben scheiterte jedoch am Antisemitismus der Kieler Professorenschaft. 1933 emigrierte Einstein endgültig in die USA. Die Landesbibliothek besitzt mehrere Briefe Einsteins an Anschütz-Kaempfe – so auch ein Schreiben aus Berlin vom 1. Juli 1922, in dem er seiner Sorge um die politische Stabilität Deutschlands nach der Ermordung von Reichsaußenminister Walther Rathenau Ausdruck verleiht, sowie Fotos von seinen Aufenthalten in Kiel und eigenhändige Berechnungen zum Kreiselkompass.

Ca-Einstein
Einstein, Albert (*1879 - +1955 : Physiker)
1910-1926
9 Repros, 9x12/10x17
-Nr.: 58/1992
Ca-Einstein

[021] EPIDEMIE Wir sind Zeitzeug*innen von Geschichte. Seuchen wie die Pest und Cholera begleiten die Menschheit seit Jahrtausenden. Im Frühjahr 2020 versetzte das Coronavirus die Menschen rund um den Globus in Schrecken und verbannte sie in ihre eigenen vier Wände. Die Landesbibliothek, die im Zuge der Schutzmaßnahmen vor der Ausbreitung des Virus geschlossen werden musste, besitzt ein illustriertes Handschriftenfragment aus Rendsburg aus dem ausgehenden 18. Jahrhundert, in dem die Bestattung von Seuchentoten vorgeschrieben wird. Die Verordnung regelt, wie die Seuchentoten je nach Gefährlichkeit der Epidemie aus der Stadt zu bringen und zu beerdigen sind. Die Mindesttiefe für das Grab, die Höhe der Erdaufschüttung, die Bestreuung der eingesargten Leichen mit Ätzkalk und der Umgang mit der Kleidung und den persönlichen Gegenständen des Verstorbenen werden ebenfalls vorgeschrieben. Auch die Meldepflicht bei Erkrankung und die Strafandrohung von der Geldbuße bis zur Todesstrafe bei Verstoß dagegen sind in diesem Zeugnis zur Seuchenbekämpfung geregelt.

[022] EREIGNISBILD In den Magazinen der Landesbibliothek befinden sich zahlreiche Gemälde, die der Nachwelt einen Eindruck von wichtigen, als historisch eingeschätzten Ereignissen in unserem Land vermitteln sollen. Auch dabei ist alles eine Frage der Perspektive. Man betrachte nur das größte Gemälde der Landesbibliothek: Die Ausrufung der Provisorischen Regierung für Schleswig-Holstein am 24. März 1848 von Hans Olde. Für die deutschen Schleswig-Holsteiner markiert dieses Ereignis den Beginn eines Freiheitskampfes gegen die dänische

Oberherrschaft. Aus der dänischen Perspektive markiert es den Beginn eines unrechtmäßigen Aufruhrs gegen den dänischen König als Landesherrn. Weil die Landesbibliothek sowohl der Bewahrung des deutschen als auch dänischen Erbes unseres Landes verpflichtet ist, hat sie über Jahrzehnte die Gemälde von Künstlern aus beiden Lagern gesammelt, sodass sich die Landesgeschichte aus beiden Perspektiven betrachten lässt.

[023] ERINNERUNG »Die Macht der Erinnerungen ist der Geist der Geschichte«, formulierte N. F. S. Grundtvig (1783–1872), dänischer Schriftsteller, Pädagoge und Politiker. Erinnerungskultur entsteht aus dem Diskurs und dem Ringen um die historische Wahrheit, sofern es eine historische »Wahrheit« überhaupt geben kann. Erinnerungskultur bedarf fester Orte, an denen unser historisches und kulturelles Erbe aufbewahrt wird. Die Landesbibliothek ist ein solcher Ort, sie ist das Gedächtnis des Landes Schleswig-Holstein. Sie bewahrt einen wertvollen Teil unseres literarischen, künstlerischen und historischen Erbes und stellt ihn der Forschung und dem Diskurs zur Verfügung. Geschichte und Erinnerungskultur sind nicht *ein* Narrativ, sondern können durchaus unterschiedliche und sich widersprechende Narrative sein. Diese Narrative zu schreiben und sich damit auf die Suche nach der historischen »Wahrheit« zu begeben, dazu lädt die Landesbibliothek ein.

[024] ESMARCH Friedrich von Esmarch (1823–1908) gehört zu den großen Medizinpionieren des 19. Jahrhunderts, und im Erste-Hilfe-Kurs ist jeder von uns mit dem von ihm ent-

Der
erste Verband
auf
dem Schlachtfelde.
Von
Dr. F. Esmarch.
Kiel
58 A
260

wickelten Dreieckstuch und Verbandspäckchen schon mal in Berührung gekommen. Sein Handwerk als Chirurg lernte er direkt nach Abschluss seines Medizinstudiums in Kiel auf den Schlachtfeldern der Schleswig-Holsteinischen Erhebung. Am 8. April 1848 erhielt er seine Zulassung als Arzt der schleswig-holsteinischen Armee, und nur einen Tag später versorgte er bereits die im Gefecht von Bau verwundeten Kieler Turner und Studenten. In den Kämpfen von 1849/50 gewann er weitere Erfahrung auf dem Gebiet der Kriegschirurgie. Seine weitere medizinische Karriere führte ihn 1854 auf die Professur für Chirurgie in Kiel und brachte ihm die Ernennung zum Generalarzt. Besondere Verdienste erwarb er sich beim Aufbau des Sanitätswesens und der Ersten Hilfe. Die Landesbibliothek besitzt seinen handschriftlichen Nachlass mit einem umfangreichen Korrespondenzteil und biografischen Dokumenten, eine um 1904 von dem schleswig-holsteinischen Bildhauer Adolf Brütt angefertigte Büste des berühmten Chirurgen sowie mehrere Stiche und Fotos, die Esmarch beim Operieren und Amputieren von Gliedmaßen zeigen.

[025] FISCHER Im März und April jeden Jahres spielt sich das gleiche Schauspiel der Natur hinter der Landesbibliothek ab. Wenn die Heringe nach dem Ende des Winters in großen Schwärmen aus dem tieferen Wasser zum Laichen in die wärmere Förde ziehen, stellen sich die Angler früh morgens dicht gedrängt am Sartorikai auf, um ihnen nachzustellen. Wie an einer Perlenschnur aufgereiht werfen sie ihre Haken und Köder aus, in der Hoffnung einen guten Fang zu

◄ [024] ESMARCH

machen. Weil der Hering in der Wahl seines Standorts sehr launisch ist, ist das sicherste Zeichen für einen guten Angelplatz immer noch der prall gefüllte Eimer des Nachbarn. Es gilt die Faustregel: Je dichter die Angler – desto besser der Platz! Tipp: Den ausgenommenen Hering einmal kurz durch frisch gepressten Zitronensaft ziehen, anschließend in Mehl wenden und in der Pfanne mit heißem Fett anbraten. Besser kann frischer Hering nicht schmecken!

[026] FÖRDE Kiel ist die einzige Stadt Deutschlands, in der man um eine Straßenecke geht und plötzlich vor haushohen Fährschiffen steht. Ohne die Förde und die Fähren wäre Kiel als Tor nach Skandinavien undenkbar. Angefangen hat alles ganz klein, als der Kopenhagener Reeder Hvind 1819 den 19 Meter langen schottischen Schaufelraddampfer »Caledonia« kaufte und die erste fahrplanmäßige Dampfschiffverbindung für Passagiere und Fracht von Kiel nach Kopenhagen einrichtete. Wer es sich leisten konnte, buchte eine Schlafkabine unter Deck, ansonsten saßen die Passagiere unter ausgespannten Segeltüchern an Deck. Seekrankheit war auf der Passage im Preis inbegriffen. 200 Jahre später fahren die Fähren nach Oslo und Göteborg zweimal täglich majestätisch an der Landesbibliothek vorbei. In der Landesgeschichtlichen Sammlung finden sich zahlreiche kolorierte Stiche und Zeichnungen vom Kieler Hafen und von den im Linienverkehr eingesetzten Segel- und Dampfschiffen. Heutzutage wird der Kai hinter der Landesbibliothek auch als Anlegeplatz für Kreuzfahrtschiffe genutzt.

[027] FORSCHUNG Für die landesgeschichtliche und landeskundliche Forschung ist die Landesbibliothek die erste Adresse in Schleswig-Holstein. Die Landesbibliothek hält nicht nur alle relevanten Nachschlagewerke und die spezielle Fachliteratur bereit, sondern kann im Idealfall bei personenbezogener Forschung auch mit einem Bildnis (sei es ein Medaillon, eine Lithografie, eine Zeichnung, ein Gemälde oder eine Fotografie) aufwarten. Als zentrales Literaturarchiv des Landes verfügt die Landesbibliothek auch über die Korrespondenz oder den Nachlass vieler bedeutender Personen, die sich um Schleswig-Holstein verdient gemacht haben. Das unterscheidet die Landesbibliothek vom Landesarchiv oder Museen, die diese Vielfalt an unterschiedlichen Quellen zu Personen, historischen Ereignissen oder einzelnen Orten unter einem Dach nicht vorhalten können.

[028] FOTOGRAFIE In der Mitte des 19. Jahrhunderts gelang es den Menschen erstmals, mittels optischer Kameras und physikalisch-chemischer Verfahren originalgetreue Abbildungen von sich und ihrer Umwelt zu machen. In der Landesbibliothek lässt sich die Geschichte der Fotografie von den Anfängen bis in die Gegenwart verfolgen. Ab den 1840er Jahren ließen sich die Menschen auf versilberten Kupferplatten (Daguerreotypien) ablichten. Auf die beschichteten Metallplatten folgten bald Glasplatten, Filmnegative und zuletzt die digitale Fotografie, die ganz ohne chemische Prozesse auskommt. Die Landesbibliothek verfügt über mehrere Tausend Fotografien seit den 1840er Jahren, die einen Eindruck vom Land, seinen Bewohnern und bedeutenden Ereignissen geben.

[029] FRIEDEN Unweit der Landesbibliothek steht am Eingang zur Dänischen Straße zwischen dem Stadtmuseum Warleberger Hof und dem Nordelbischen Kirchenamt eine unscheinbare Stele, die an eines der wichtigsten Ereignisse in der Geschichte der Stadt Kiel und Nordeuropas erinnert – den Kieler Frieden vom 14. Januar 1814. Europäische Diplomaten beschlossen die Herauslösung Norwegens aus dem Dänischen Gesamtstaat, der wenig später das Herzogtum Lauenburg an der Elbe als Entschädigung erhielt. Während der komplizierten Friedensverhandlungen im Dezember 1813 und Januar 1814 waren die Stadt Kiel und die Herzogtümer Schleswig und Holstein von Tausenden schwedischen und russischen Soldaten besetzt. Die Kosten für die Unterbringung und Verpflegung der fremden Soldaten brachten die Stadt Kiel an den Rand des Ruins, denn die Besatzer hatten die Stadtkasse beschlagnahmt. Die Landesbibliothek besitzt aus dieser Zeit einen dänischen »Geldschein« über 5 Reichsbanktaler von 1815, der auch in Kiel als Zahlungsmittel galt, weil es in ganz Schleswig und Holstein an Münzgeld mangelte.

[030] GARTENKUNST Hier geht es nicht um Kleingärten und Rasenkanten, sondern um das große Ganze! Christian Cay Lorenz Hirschfeld (1742–1792) setzte sich zum Ziel, den Gartenbau zu revolutionieren. Der Philosophieprofessor an der Kieler Universität fühlte sich ganz im Sinne der Aufklärung dazu verpflichtet, hergebrachte Autoritäten zu hinterfragen und die Ästhetik auch im Gartenbau einzuführen. Sein zwischen 1779 und 1785 erschienenes fünfbändiges Hauptwerk »Theorie der Gartenkunst« hat wie kein anderes Werk unsere Vorstellung von einer idealtypischen Parklandschaft verändert. An die Stelle des streng geometrischen und reglementierten französischen Barockgartens trat jetzt der offene, nach Hirschfelds ästhetischen Vorstellungen gestaltete Landschaftsgarten, der mit seinen aufgelockerten Baumgruppen, Wasserläufen und Teichen die Natur nachahmte. Letztlich ist auch Hirschfelds Gartenkunst nur eine Inszenierung, aber sie soll die Freiheit der Natur und des Menschen widerspiegeln. Dass ein so bedeutendes Werk mit wunderschönen Kupferstichen verziert ist, versteht sich von selbst und macht Hirschfelds »Gartenkunst« zu einem der schönsten Bücher des 18. Jahrhunderts. Der »Hirschfeldblick« in Düsternbrook erinnert an den großen Gartenbautheoretiker und Leiter der dortigen Fruchtbaumschule. Die Landesbibliothek hält zahlreiche Ansichten und Pläne der bedeutendsten Garten- und Parkanlagen in Schleswig-Holstein vor.

[031] GEBÄUDE Im Jahr 2002 zog die Landesbibliothek aus dem Kieler Schloss auf die gegenüberliegende Straßenseite in den Sartori & Berger-Speicher um. Der Speicher war 1925–26 von den Kieler Architekten Ernst Stoffers und Hermann Müller ursprünglich für die Firma Hermann Langness und die Stadt Kiel gebaut worden. Der fünfgeschossige Klinkerbau verband traditionelle Elemente der Speicherarchitektur mit moderner Industriearchitektur und stand für die Umwandlung des Kieler Hafens von einem Kriegs- zu einem Handelshafen. Der nördliche Teil des Speichers diente zur Lagerung von Lebensmitteln, im südlichen Teil waren die städtische Hafenverwaltung und die Zollbehörde untergebracht. Nach dem Zweiten Weltkrieg erwarb das Schifffahrtsunternehmen Sartori & Berger sukzessive den nur leicht beschädigten Speicher und gab ihm seinen heutigen Namen. Heute beherbergt der denkmalgeschützte Speicher neben dem Firmensitz und der Landesbibliothek auch das Landesamt für Denkmalpflege. Ab dem Herbst 2020 werden die unteren Geschosse des Speichers für die Anforderungen einer modernen Bibliothek als Begegnungs- und Kulturstätte umgebaut.

[032] GEGENWART Die Gegenwart ist in der nächsten Sekunde schon Vergangenheit und Geschichte. Zeitnah zu erkennen, dass gerade etwas »Historisches« passiert, macht es leichter, einzelne Ereignisse zu dokumentieren, zu rekonstruieren und in ihrer Bedeutung einschätzen zu können. Daher hat die Landesbibliothek im April 2020 auf dem Höhepunkt der Coronavirus-Pandemie (SARS-CoV-2) mit anderen Geschichtsinstitutionen die Öffentlichkeit dazu aufgerufen, analoge Dokumente, die die Auswirkungen des staatlich angeordneten Lockdowns des öffentlichen Lebens auf die Menschen in Schleswig-Holstein zeigen, an die Bibliothek einzusenden. Das können z. B. Fotos von menschenleeren Einkaufsstraßen sein oder auch von Litfaßsäulen, die von eilig abgesagten Veranstaltungen zeugen. So lässt sich dieses einschneidende Ereignis auch aus dem Blickwinkel der häufig vernachlässigten Alltagsgeschichte dokumentieren und zu einem späteren Zeitpunkt in seinen langfristigen Auswirkungen auf das Land besser beurteilen.

[033] GESETZ Gesetze regeln das Zusammenleben der Menschen, sie schaffen Rechtssicherheit. Die Landesbibliothek besitzt mit der in Mittelniederdeutsch verfassten »Lindauer Abschrift« aus dem Ende des 14. Jahrhunderts die zweitälteste Fassung des Jütischen Rechts, das erstmals im Jahr 1241 in Latein niedergeschrieben wurde. Das Jütische Recht galt für ein nordeuropäisches Großreich, das Schonen, Seeland und Jütland umfasste. Die Abschrift enthält 60 Bestimmungen, war ein Gebrauchsstück, das zur Anwendung des Rechts diente, und zeigt den Zusammenhalt einer Rechtsgesellschaft im späten Mittelalter. Bis in die heutige Zeit verwahrt die Landesbibliothek die Gesetzesblätter der Landesregierung und dokumentiert so auch, wie sich der moderne Rechtsstaat in Schleswig-Holstein entwickelt hat.

[034] GROTH Um Missverständnissen vorzubeugen: Klaus Groths plattdeutsche Gedichtsammlung »Quickborn« hat nichts mit der gleichnamigen Stadt an der A 7 zu tun, denn der »Quickborn« entstand auf Fehmarn. Dorthin hatte sich der 1819 in Heide geborene ehemalige Mädchenschullehrer nach einem Nervenzusammenbruch zur Genesung von 1847 bis 1853 zurückgezogen. Auf der Sonneninsel lebte er bei seinem Freund Leonhard Selle und schrieb den »Quickborn«, der 1852 im Hamburger Verlag Perthes erschien und Groth über Nacht berühmt machte. Heute gilt Groth neben Fritz Reuter als der wichtigste Begründer der neueren niederdeutschen Literatur. Die Landesbibliothek besitzt das älteste erhaltene Manuskript von Klaus Groth, verfasst von November 1851 bis April 1852. Die beiden ersten Stücke der

Gruppe »Wat sik dat Volk vertellt« – »Ol Büsum« und »Herr Jehannis« – stehen in diesem Manuskript zwischen hochdeutschen Gedichten und Briefentwürfen auf Papierbögen, die der passionierte Hobbymathematiker Groth zuvor mit Gleichungen aus der Differential- und Integralrechnung beschrieben hat.

[035] HANSE Die meisten Hansestädte sind stolz auf ihre hanseatische Tradition und zeigen das auch gerne auf dem Nummernschild. HH, HB, HL, HWI, HRO – warum aber gibt es kein HKI? Wieso tut sich Kiel so schwer mit seiner Geschichte als Hansestadt? Schließlich war Kiel seit 1283 nach Lübeck die einzige Stadt in Schleswig-Holstein, die im späten Mittelalter und der frühen Neuzeit Mitglied des mächtigen Kaufmannsbundes war. Vielleicht liegt es daran, dass Kiel 1388 zum ersten Mal »verhanst«, d. h. aus der Hanse ausgeschlossen wurde, weil es seinen lukrativen Handel mit Dänemark, dem Erzfeind der Hanse, nicht aufgeben wollte und zudem Münzen mit zu geringem Silbergehalt in Umlauf brachte? 1518 wurde Kiel wegen Geheimnisverrats erneut verhanst und auf Betreiben Lübecks nie wieder aufgenommen. Ist es der Neid auf die ehemals übermächtigen Lübecker, dass man vom hanseatischen Erbe in Kiel heute nicht mehr viel spürt? Allenfalls die 1988–1990 vom Verein »Jugend in Arbeit« nachgebaute Kieler Hansekogge, die ihren Liegeplatz nahe der Landesbibliothek am Sartorikai hat, erinnert noch ein wenig an Kiels fast vergessene Vergangenheit als Hansestadt.

[036] HARRING Er sah aus wie ein gefährlicher Straßenräuber, wollte für seine Mitmenschen jedoch nur das Beste: Die Nordfriesen haben im 19. Jahrhundert einen der schillerndsten Volkshelden und Freiheitskämpfer Europas – ja der Welt – hervorgebracht, der heute aber kaum noch bekannt ist. Harro Harring (1798–1870), Sohn eines Deichgrafen aus der Nähe von Wobbenbüll, wurde nach einem Kunststudium »Berufsrevolutionär« und machte es zu seinem Lebensinhalt, Menschen aus der Unterdrückung zu befreien. Wo immer er auftauchte, stiftete er Unruhe. Seine Werke als Schriftsteller wurden häufig verboten, und er wurde über 20 Mal verhaftet, ins Gefängnis gesteckt und des Landes verwiesen. 1840 reiste er nach Rio de Janeiro, um die brasilianischen Sklaven zu befreien und ließ sich anschließend als Maler in New York nieder. Mit Ausbruch der Revolution 1848 kehrte er in seine Heimat nach Nordfriesland zurück und rief am 23. Juli 1848 auf dem Marktplatz von Bredstedt einen nordfriesischen Freistaat aus. Auch dieses Vorhaben scheiterte und Harring zog weiter durch die Welt. Völlig verarmt setzte er 1870 auf der britischen Kanalinsel Jersey seinem Leben ein Ende. Die Landesbibliothek hütet den Nachlass dieses nordfriesischen Don Quichote der Demokratie.

[037] HEBBEL Zu Lebzeiten des in Wesselburen in Dithmarschen geborenen Dichters Friedrich Hebbel (1813–1863) waren Deutschland und Europa ein einziger Flickenteppich. Allein der im Jahr 1815 gegründete Deutsche Bund bestand aus 35 souveränen Einzelstaaten und 4 reichsfreien Städten.

N
L
M
K
H
H
und Minister-Resident bei den freien
Christian von Bill.
Ersuche hiermit
Vorzeiger
welcher

Die Herzogtümer Schleswig und Holstein gehörten damals noch zum Dänischen Gesamtstaat. Nirgendwo waren die Landesgrenzen fern, und ohne einen Reisepass war kein Weiterkommen möglich. Als Dithmarscher war Friedrich Hebbel ein Untertan des dänischen Königs. Dieser stellte Hebbel am 9. November 1842 in Hamburg einen Reisepass für eine freie Fahrt nach Kopenhagen aus, wo Hebbel via Kiel fünf Tage später ankam. Der Dichter benutzte diesen Reisepass aber noch einige Jahre weiter und sammelte fleißig Reisestempel, u. a. aus Paris, Marseille, Rom und Neapel, sodass ein zweites Blatt an den ursprünglichen Pass angeklebt werden musste. Die Landesbibliothek verwahrt als Dauerleihgabe aus dem Hebbelmuseum in Wesselburen den im wahrsten Sinne des Wortes ellenlangen Reisepass Hebbels aus einer Zeit, als es in Europa noch keine Reisefreiheit gab und der Kontinent von Schlagbäumen geprägt war.

[038] HISTORISCHE LANDESHALLE FÜR SCHLESWIG-HOLSTEIN

Den beispiellosen Erfolg der landesgeschichtlichen Ausstellung vor Augen, die 1896 als Teil der Provinzialausstellung über 100 000 Besucher angezogen hatte, beschlossen patriotisch gesinnte Schleswig-Holsteiner, dass es für die jüngere Geschichte der beiden Herzogtümer – nicht so sehr für die der preußischen Provinz – einen festen Erinnerungsort geben müsse. Mit dem Kieler Bankier und Zeitungsverleger Wilhelm Ahlmann als treibende Kraft gründeten prominente Vertreter der Kieler Bürgerschaft, der Universität, der Provinzialverwaltung und der Ritterschaft am 25. Februar 1897 die »Historische Landeshalle für Schleswig-Holstein«

◀ [037] HEBBEL

als Trägerverein des ersten Geschichtsmuseums des Landes. Dieses Museum – eben die »Historische Landeshalle« – hat es gegeben, mit einer stetig wachsenden Sammlung in immer größeren Häusern, schließlich ab 1932 bis zur kriegsbedingten Auslagerung im Kieler Schloss und nach dessen Wiederaufbau im Quertrakt als kleine landesgeschichtliche Dauerausstellung »Nordelbingen«. Seit 1982 schlummern die Schätze der in Landesgeschichtliche Sammlung umbenannten Historischen Landeshalle im Depot der Schleswig-Holsteinischen Landesbibliothek. 1934 hatte der Verein die Sammlungen förmlich auf den Provinzialverband Schleswig-Holstein übertragen. Damit nolens volens von der Last der Trägerschaft befreit, stimmten die Mitglieder der Umbildung in einen Förderverein zu, hielten aber an dem alten, etwas sperrig klingenden Namen fest. Und so blüht der Verein »Historische Landeshalle für Schleswig-Holstein e. V.«, der 2022 auf 125 Jahre seines Bestehens zurückblicken kann, bis heute als Förderverein der Landesgeschichtlichen Sammlung.

[039] HOLTORF ... oder der Mann im graubraunen Ohrensessel. Hans Holtorf (1899–1984) war ein wahres Multitalent: Theatergründer, Schriftsteller und Maler. 1920 gründete er in Heide die expressionistische Theaterkompanie »Masken-Wagen der Holtorf-Truppe«, mit der er bis 1925 mit Stücken von Büchner, Wedekind und Shakespeare durch Deutschland und Dänemark zog. Als Maler machte er sich vor allem mit seinen impressionistischen Landschaftsbildern von der Ostseeküste einen Namen. Holtorf betätigte sich aber auch als Autor und Übersetzer und wurde mehrfach mit dem Friedrich-

Hebbel-Preis sowie dem Kunstpreis des Landes Schleswig-Holstein ausgezeichnet. Sein Nachlass, der neben seinen Buchmanuskripten und Briefen auch 33 Tagebücher aus den Jahren 1929 bis 1978 umfasst, wird in der Landesbibliothek verwahrt. Ach ja, auf den wenigen von Hans Holtorf erhaltenen Fotografien sitzt der Künstler fast immer – mit Pfeife – in seinem graubraunen Ohrensessel. Wo der Sessel nach seinem Tod 1984 verblieben ist, ist leider nicht bekannt.

[040] IDENTITÄT Was ist typisch schleswig-holsteinisch und wer ist ein Schleswig-Holsteiner? Ist es der freiheitsliebende Bauer aus Dithmarschen, der Inselfriese von der Westküste, der Flensburger mit dänischen Wurzeln oder der hanseatische Kaufmann aus Lübeck? Heute sind sie alle Schleswig-Holsteiner, aber das war nicht immer so. Erst im Verlauf des 19. Jahrhunderts entstand eine schleswig-holsteinische Bewegung, die sich vor allem über ihre Ablehnung alles Dänischen im Land definierte und die beiden Herzogtümer aus dem dänischen Staat herauslösen wollte. Bis dahin definierten die Bewohner im gemischt bevölkerten Landesteil Schleswig ihre Identität vor allem über ihre Sprache. Die Landesbibliothek besitzt eine handgezeichnete Sprachenkarte vom Herzogtum Schleswig von Peter Christian Koch aus dem Jahr 1838, in der für jedes Kirchspiel farblich markiert ist, welche Sprache im Alltag, in der Verwaltung und vor Gericht, im Gottesdienst und in der Schule gesprochen wurde. Diese handgezeichnete Karte diente als Vorlage für die 1839 von Peter C. Koch in Flensburg gedruckte farbige Sprachenkarte vom Herzogtum Schleswig, auf deren Grundlage in bestimmten Gebieten Nordschleswigs

Dansk Almuesprog med dansk Kirke- og Skolesprog
Dansk Almuesprog med höitydsk Kirke- og Skolesprog
Plattydsk Almuesprog med höitydsk Kirke- og Skolesprog
Frisisk Almuesprog med höitydsk Kirke- og Skolesprog
Nörre Jylland
Sønder
Jylland
Vester
Havet
Öster
Söen
Udkast
til et Sprogkort over Sönderjylland

das Dänische 1840 auch als Rechts- und Verwaltungssprache eingeführt wurde. Die dänische Sprachenpolitik im Herzogtum Schleswig trug wesentlich zum kulturellen und politischen Auseinanderdriften der deutsch und der dänisch gesinnten Schleswiger in den 1840er Jahren bei.

[041] ILLUSTRATION Stammbücher waren vor allem im 18. und frühen 19. Jahrhundert unter Studenten beliebt, die damals noch sehr häufig die Universitäten wechselten und sich durch ihre gegenseitigen Eintragungen ihre Freundschaft versicherten. Die Landesbibliothek besitzt etwa 100 Stammbücher aus dieser Zeit. Neben den handschriftlichen Einträgen, die meistens aus einem kurzen selbstverfassten Gedicht oder literarischen Text bestehen, enthalten sie häufig auch kolorierte Federzeichnungen der Eintragenden. Das Stammbuch des Pharmaziestudenten Johannes Daniel Spalckhaver (geb. 1736 in Friedland/Mecklenburg-Strelitz) aus den Jahren 1759 bis 1766 enthält neben Szenen aus dem Studentenleben auch eine ihm gewidmete Zeichnung aus dem Jahr 1762 von einer Apotheke mit Apothekergehilfen, Waagen, Heilpflanzen, Destillierapparat und Arzneiflaschen. Spalckhaver übernahm im Jahr 1787 die Hofapotheke in Glückstadt an der Elbe, wo er im Mai 1818 im Alter von 82 Jahren starb.

[042] INSEL Die Inseln an der schleswig-holsteinischen Westküste sind ständigen Veränderungen durch das Meer unterworfen. Der Untergang der legendären Siedlung Rungholt in der »Groten Mandränke« am 16. Januar 1362 oder einer der folgenden Sturmfluten ist das wohl bekannteste Beispiel.

▶ [041] ILLUSTRATION

SCHLAGWORTKATALOG
A - Y

In der Landesgeschichtlichen Sammlung befindet sich eine Karte vom Ende des 19. Jahrhunderts, die die Größe der Inseln Nordstrand und Pellworm um das Jahr 1634 (in rot) und um das Jahr 1895 (in schwarz) zeigt. Was heute zwei getrennte Inseln sind, war im Mittelalter eine wesentlich größere, zusammenhängende Insel. Zwischen Pellworm und der heutigen Halbinsel Nordstrand haben Archäologen mittlerweile die Überreste des untergegangenen Ortes Rungholt gefunden.

[043] JAPAN Der Staat ist ein Körper – oder was hat Professor Lorenz von Stein mit Japan zu tun? Der 1815 bei Eckernförde geborene Staatswissenschaftler studierte und lehrte an der Kieler Universität, bevor er 1855 einen Lehrstuhl an der Universität Wien annahm. Dort avancierte er zu einem der bedeutendsten Staatsrechtler Europas, dessen Verfassungslehre auch den Staatsaufbau des modernen japanischen Kaiserreichs maßgeblich beeinflusst hat. Kaeda Nobuyoshis Zeichnung vom japanischen Staat geht auf einen siebenmonatigen Studienaufenthalt 1887/88 bei Lorenz von Stein in Wien zurück und zeigt den japanischen Staat als menschlichen Körper. Die Zeichnung befindet sich im umfangreichen Nachlass Lorenz von Steins in der Landesbibliothek, der bis in die heutige Zeit häufig von japanischen Wissenschaftlern eingesehen wird.

[044] JUBILÄUM Im Jahr 2020 feiert die Schleswig-Holsteinische Landesbibliothek ihr 125-jähriges Bestehen als eine öffentliche wissenschaftliche Bibliothek. Damit ist die Biblio-

▼ [043] JAPAN

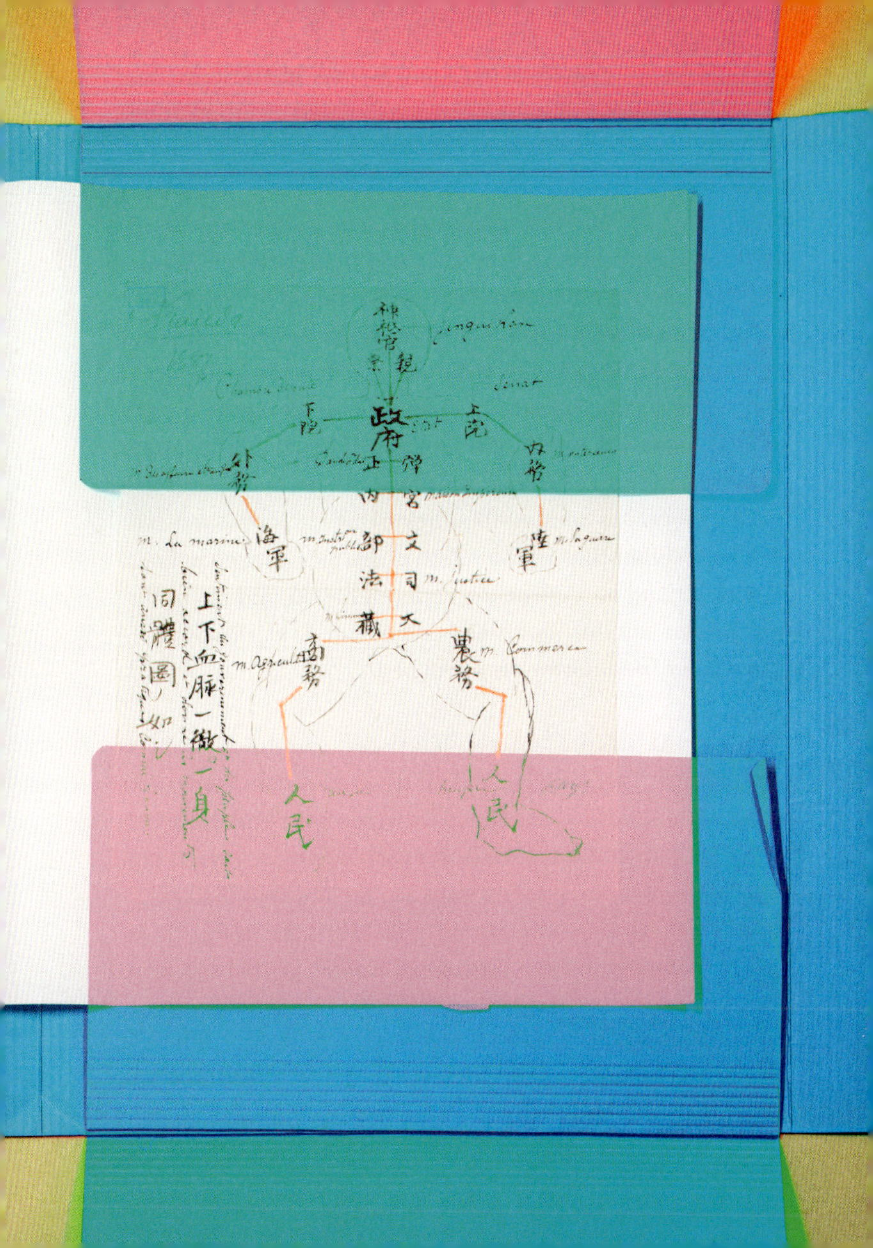

神秘官
祭
親
Senat
政府
下院
上院
外務
内務
上
内
部
法
藏
彈
宮
文
司
大
m. La marine
海軍
陸軍
m. Justice
m. Commerce
商務
農務
上下血脈一徹一身
同體圖ノ如シ
人民
人民

thek gut 50 Jahre älter als das Land Schleswig-Holstein, ihre Bestände reichen sogar noch fünf Jahrhunderte weiter zurück. Die ersten runden Bibliotheksjubiläen fielen in unruhige Zeiten. Zum 25. Jubiläum 1920 wurde der Landesteil Schleswig geteilt und der Norden schloss sich dem Königreich Dänemark an. Das 50. Jubiläum 1945 musste ganz entfallen, Schleswig-Holstein lag nach dem Zweiten Weltkrieg in Trümmern und war mit Flüchtlingen überfüllt. Erst mit der Gründung des Landes Schleswig-Holstein 1946 und der Bundesrepublik Deutschland 1949 steuerte auch die Bibliothek wieder in ruhigeres Fahrwasser. An das 100-jährige Bestehen 1995 erinnert der Jubiläumsband »Schleswig-Holstein. Geschichte und Kultur im Spiegel der Landesbibliothek«. Das 125. Jubiläum feiert die Landesbibliothek in einer Zeit, in der die Grenzen in Europa weitgehend an Bedeutung verloren haben und Deutsche und Dänen seit den Bonn-Kopenhagener-Erklärungen von 1955 wieder friedlich zusammenleben.

[045] KANAL Als die Landesbibliothek im Jahr 1895 zum ersten Mal ihre Türen für Besucher öffnete, öffnete auch eine andere untrennbar mit Kiel und Schleswig-Holstein verbundene Institution erstmals ihre: Schleusentore. Nach nur acht Jahren Bauzeit passierte am 20./21. Juni 1895 die kaiserliche Yacht »Hohenzollern« mit Wilhelm II. an Bord als erstes Schiff den 98 Kilometer langen Kaiser-Wilhelm-Kanal, der seit 1948 Nord-Ostsee-Kanal heißt und inzwischen die meist befahrene künstliche Wasserstraße der Welt ist. In der Landesgeschichtlichen Sammlung der Landesbibliothek befinden sich mehrere Fotoalben zum Bau des Kanals und den

Eröffnungsfeierlichkeiten in Anwesenheit des Kaiserpaares am 21. Juni 1895 in Holtenau. Finanziert wurde der Kanal u. a. durch die Einführung einer Steuer auf Schaumwein, die auch 125 Jahre nach Fertigstellung weiter erhoben wird. Prost!

[046] KARIKATUR In Zeiten staatlicher Pressezensur boten Karikaturen oftmals die einzige Möglichkeit, auf Missstände hinzuweisen oder die Herrschenden zu kritisieren, ohne gegen die strengen Auflagen der Pressegesetze zu verstoßen und Gefängnis zu riskieren. Vielfach wurden Karikaturen deshalb außerhalb der Landesgrenzen an Orten gedruckt, wo weniger strenge Zensurvorgaben galten. Die Landesbibliothek verfügt über eine umfangreiche Sammlung mit politischen Karikaturen zur Landesgeschichte aus dem 19. Jahrhundert. Beispielhaft sei hier das »Satyrische Zeitbild« Nr. 18 (1848) erwähnt, das eine ironische Anspielung auf den Waffenstillstand von Malmö vom 26. August 1848 zwischen Preußen und Dänemark ist, der in Deutschland als ein peinliches Einknicken des preußischen Königs vor dem dänischen König und ein Verrat an den Schleswig-Holsteinern betrachtet wurde. Der preußische Monarch Friedrich Wilhelm IV. krault seinem dänischen Gegenpart Friedrich VII. den Bart zur süffisanten Frage: »Na oller Junge! Habe ich es dir so recht gemacht?«

[047] KARTOGRAFIE Landkarten sind ein Spiegel ihrer Zeit und zeigen, wie sich die Landesgrenzen – die geografischen wie auch die politischen – im Lauf der Jahrhunderte immer wieder verschoben haben. Die ersten Landkarten waren noch sehr grob und von Hand gezeichnet. 1652 gaben der

Newe Landtcarte
Von dem
Hertzogthumbe
SCHLESWIG

Husumer Kartograf Johannes Mejer und sein Bürgermeister Caspar Danckwerth die »Newe Landesbeschreibung Der zwey Hertzogthümer Schleswich vnd Holstein« heraus, die neue Maßstäbe in der Kartografie Schleswig-Holsteins setzte. Die Landesbibliothek besitzt ca. 8000 Landkarten und Atlanten. Sie verdeutlichen den Landschaftswandel und zeigen, wie die Nord- und Ostsee am »Land zwischen den Meeren« nagen und an anderer Stelle neues Land aus dem Meer entstehen lassen. Heutzutage sind gedruckte Landkarten schnell veraltet und im täglichen Gebrauch von digitalen Kartendiensten wie z. B. »google maps« verdrängt worden.

[048] KATALOG Ein Katalog dient zum Bestellen. Das ist in einer Bibliothek nicht anders als im Versandhandel. Im Katalog findet man die gesuchte Literatur nach Autoren, Titeln und Themen aufgelistet. Die Landesbibliothek hat im Lauf ihrer Geschichte verschiedene Kataloge zur Literaturrecherche eingesetzt. Angefangen hat es mit dem ersten gedruckten Katalogband 1898, es folgten schier endlose Zettelkataloge mit Zehntausenden von Karteikärtchen, streng geordnet nach Autorennamen und Stichworten. Heute ist der elektronische Onlinekatalog das Standardverfahren zur Literaturrecherche. Titel für Titel werden auch die alten Kataloge im Rahmen der Retrokatalogisierung in den elektronischen Katalog eingearbeitet. Sollte die Landesbibliothek den gesuchten Titel ausnahmsweise nicht besitzen, können die Bibliothekare über die Verbundkataloge sekundenschnell in anderen Bundesländern ermitteln, welche Bibliothek den gewünschten Titel hält und das Werk per Fernleihe oder als Digitalisat bestellen.

[049] KIEL Die »Sailing City« ist eine moderne Großstadt am Wasser. Lange Zeit im Schatten Lübecks, entwickelte sich Kiel erst Anfang des 20. Jahrhunderts durch den Marineschiffbau zu einer modernen Großstadt. Seit 1946 ist Kiel die Landeshauptstadt von Schleswig-Holstein. Heute hat die Stadt fast 250 000 Einwohner, von denen rund 35 000 an einer der drei Hochschulen studieren. Ihre Lage an der Förde macht Kiel zur Segel-Hauptstadt Deutschlands. 1936 und 1972 wurden die Olympischen Segelwettbewerbe in Kiel ausgetragen. Die Kieler Woche, die alljährlich im Juni stattfindet, ist das größte Segelsportereignis der Welt und mit über 3,5 Millionen Besuchern das größte Volksfest im Norden. Höhepunkt ist die traditionelle Windjammerparade mit bis zu 100 Großseglern und Traditionsschiffen. Von Segelregatten über Musik und Kulturevents bis zu kulinarischen Spezialitäten aus aller Welt – zur Kieler Woche ist die Welt zu Gast in der »Sailing City«.

[050] KLEINGELD Auch Kleingeld hatte mal einen großen Wert. Als im Ersten Weltkrieg die Edelmetalle knapp wurden, wurden Münzen aus Kupfer oder Nickel als kriegswichtige Metalle eingeschmolzen und zur Waffenproduktion verwendet. Als Ersatzzahlungsmittel wurden neben Notgeld auf Papier auch Notmünzen aus verschiedenen Materialien wie Leder, Holz, Gips und Porzellan eingeführt. Die Notgeldsammlungen »Rasmussen« und »Rixen«, die in der Landesbibliothek gelagert werden, umfassen in vielen Ausführungen amtliche Notmünzen, Briefmarkengeld und andere Wertzeichen, die dem öffentlichen Zahlungsverkehr behelfsmäßig gedient haben.

[051] KÖNIG Könige und Kaiser kommen und gehen. Das Kieler Schloss, von 1928 bis 1941 und wieder von 1965 bis 2002 Sitz der Landesbibliothek, kann ein Lied davon singen. Von 1864 bis 1867 gab es drei schnelle Wechsel in der Landesherrschaft über die Herzogtümer Schleswig und Holstein und die Stadt Kiel. Bis zum Frieden von Wien, der am 30. Oktober 1864 den Deutsch-Dänischen Krieg beendete, war der dänische König Christian IX. in Personalunion als Herzog von Schleswig und Holstein Landesherr. Nach einem Jahr gemeinsamer Verwaltung (Kondominium) teilten die Siegermächte Preußen und Österreich im Vertrag von Gastein am 14. August 1865 die Verwaltung von Schleswig, Holstein und Lauenburg neu unter sich auf. Preußen verwaltete Schleswig und Lauenburg, Österreich erhielt Holstein. 1865 zog der österreichische Feldmarschall Freiherr von Gablenz als neuer Statthalter in das Kieler Schloss ein. Schon ein Jahr später musste er seine neue Residenz wieder verlassen. Noch vor der Niederlage im Deutsch-Österreichischen Krieg am 3. Juli 1866 gegen die Preußen räumten die Österreicher Holstein. Am 12. Januar 1867 annektierte der preußische König Wilhelm I. die Herzogtümer Schleswig, Holstein und Lauenburg und machte sie zur preußischen Provinz Schleswig-Holstein. Im Kieler Schloss zog jetzt der neue preußische Oberpräsident Carl Graf von Scheel-Plessen als Verwaltungschef ein.

[052] KOOPERATION Seit Beginn des neuen Jahrtausends hat die Landesbibliothek in vielerlei Hinsicht neue Wege beschritten, um mit verschiedenen Kooperationspartnern ihre Kulturschätze einer größeren Öffentlichkeit zu präsentieren. Dazu gehört die Digitalisierung der Objekte der Landesgeschichtlichen Sammlung, um sie mit über 200 Museen und Sammlungen über das gemeinsame Verbundportal »digiCULT« im Internet zugänglich zu machen. Auch mit dänischen Institutionen wurde die Zusammenarbeit intensiviert. Zum 150. Jahrestag des Deutsch-Dänischen Krieges von 1864 erarbeitete die Landesbibliothek mit dem Museum Sønderjylland/Sønderborg Slot gemeinsam eine zweisprachige Ausstellung mit dem Titel »Mennesker i krigen – 1864 – Menschen im Krieg«, die von November 2013 bis März 2015 nacheinander in der Schleswig-Holsteinischen Landesbibliothek, im Museum Sønderjylland/Sønderborg Slot und im Nationalmuseet København gezeigt wurde. Mit der Erweiterung zum Zentrum für Digitalisierung und Kultur wird die Landesbibliothek ihre Kooperation mit der Fachhochschule Kiel im Bereich der anwendungsorientierten digitalen Technologien zukünftig noch weiter ausbauen.

[053] KRIEG Lange Zeit war das hässliche Wort »Krieg« sogar ein offizieller Bestandteil des Namens der Stadt Kiel. Mit der Gründung des Deutschen Kaiserreichs 1871 wurde die Stadt Kiel zum »Reichskriegshafen« und größten Marinestützpunkt Deutschlands. Auf den Kieler Großwerften wurden ab 1900 Dutzende Kriegsschiffe und Hunderte U-Boote gebaut, und viele Kieler lebten von der Aufrüstung. Das rächte sich im Zweiten Weltkrieg, als die »Stadt der Kriegsmarine« aufgrund ihrer militärischen Bedeutung über 90 Mal aus der Luft angegriffen und weitgehend zerstört wurde. Mehr als 3000 Kielerinnen und Kieler, Militärangehörige sowie Fremdarbeiter verloren dabei ihr Leben. Fast 75 % des Kieler Wohnraums wurden zerstört, von 306 000 Einwohnern Ende 1942 lebten am 1. Januar 1945 nur noch 143 000 in der Stadt. Das Kieler Schloss als Sitz der Landesbibliothek fiel den Bomben im Januar 1944 zum Opfer und wurde erst 1961 wiederaufgebaut. Die Bibliotheksbestände konnten aber weitgehend gerettet werden, weil sie bereits 1941 ins Kloster Cismar in Ostholstein ausgelagert worden waren.

[054] KÜNSTLER*IN Die Landesbibliothek besitzt die Werke zahlreicher bedeutender schleswig-holsteinischer Künstlerinnen und Künstler und von so manchem Kunstschaffenden auch den schriftlichen Nachlass. So zum Beispiel von der deutschen Impressionistin Maria Slavona (1865–1931), die eigentlich Marie Dorette Caroline Schorer hieß. Ungewöhnlich für die Tochter einer angesehenen Lübecker Apothekerfamilie studierte sie Kunst in Berlin und München und lebte anschließend anderthalb Jahrzehnte in Paris, bevor sie 1906 in ihre Heimatstadt zurückkehrte. Slavona pflegte regen Kontakt mit den großen Künstlern und Dichtern ihrer Zeit: Käthe Kollwitz, Edvard Munch, Max Liebermann und Rainer Maria Rilke. Ihr Nachlass, bestehend aus Briefen, Notizen, Skizzen und Gegenständlichem – wie ihrer Farbpalette mit Köcher – steht für das Aufstreben einer Künstlerin im Zeitalter der Bohème, deren Wurzeln in Schleswig-Holstein liegen.

[055] KULTURPOLITIK Die Landesbibliothek ist ein wesentlicher Teil der Kulturpolitik des Landes. Nicht nur, weil sie seit 2016 eine Landesoberbehörde darstellt, sondern weil das

Helgoland

Haus auch viele Themen bedient, die die Kulturpolitik der vergangenen Jahre prägten. Dazu gehören die Pflege des kulturellen Erbes, die Entwicklung von Bibliotheken zu dritten Orten, die Förderung des Wissensmanagements und nicht zuletzt der Digitalisierung. Mit der Neufassung des Bibliotheksgesetzes 2016 wurde der Erhalt der Landesbibliothek als wissenschaftliche Regionalbibliothek mit Bezug zur Geschichte und Landeskunde des Landes Schleswig-Holstein und seiner Nachbargebiete, insbesondere Dänemarks, festgeschrieben und 2019 um das Aufgabenfeld der zentralen Unterstützung der digitalen Transformation im Kulturbereich erweitert.

[056] KULTURSPEICHERSH Die Küste ist bekannt für ihren frischen Wind. Mit Wind lassen sich viele Dinge bewegen und bringen neue Ideen. Zu den neuen Ideen gehört die Umgestaltung der Schleswig-Holsteinischen Landesbibliothek in ihrem Jubiläumsjahr. Der Speicher bietet zukünftig nicht nur historische Quellen, sondern auch digitale Speichermöglichkeiten. Baulich soll der Speicher luftiger und offener werden. Im neuen, lichtdurchfluteten Foyer will die Bibliothek neue Besucher*innengruppen willkommen heißen und mit Blick auf das Wasser zum Verweilen einladen. Die Bibliothek soll zu einem Begegnungs- und Veranstaltungsort für Menschen unabhängig von ihrer Herkunft und ihrem sozialen Hintergrund werden. Als Kompetenzzentrum für digitale Transformation im Kulturbereich macht sich die Landesbibliothek ebenfalls zu neuen Ufern auf und wird ihre Schätze zukünftig grenzenlos im Internet präsentie-

◄ [054] KÜNSTLER*IN

ren. Sie will ein Ideengeber für andere Kultureinrichtungen im Land werden und diese wie ein Leuchtturm ins digitale Zeitalter leiten. Der Hashtag für alle Entwicklungen ist #KulturspeicherSH

[057] KUPFERSTICH Der Begriff »Abkupfern« ist heutzutage fast ausschließlich negativ besetzt. Dabei war das »Abkupfern« über Jahrhunderte eine anerkannte Tätigkeit und bedeutete nichts anderes, als ein Original auf eine neue Kupferplatte zu übertragen. Der Kupferstecher übertrug die seitenverkehrte Zeichnung auf die Oberfläche einer dünnen, glattpolierten Kupferplatte und schnitt sie mit einem Grabstichel aus gehärtetem Stahl Linie für Linie in das weichere Kupfer. Dieses Verfahren war erheblich aufwändiger als der grobe Holzschnitt, ermöglichte aber wesentlich detailliertere Darstellungen. Die fertige Druckplatte wurde anschließend erwärmt, mit Druckerschwärze bestrichen und wieder gereinigt. So blieb die Druckerschwärze nur in den eingeschnittenen Vertiefungen zurück und übertrug sich beim Drucken auf das Papier. Der Kupferstich wurde im 15. Jahrhundert entwickelt und blieb bis zum Ende des 18. Jahrhunderts das gängigste Verfahren zur Vervielfältigung von Grafiken. Insbesondere wissenschaftliche Bücher wurden in der frühen Neuzeit zu Illustrationszwecken reichlich mit »Kupfern« verziert, und Kupferstecher war ein angesehener Beruf. Die Landesbibliothek bewahrt zahlreiche Kupferstiche, aber auch Porträts von ihren Machern – wie zum Beispiel das des Lübecker Kupferstechers, Malers und Illustrators Friedrich Overbeck (1789–1869).

[058] LANDESBIBLIOTHEK Im Gegensatz zu anderen Landesbibliotheken ist die Schleswig-Holsteinische Landesbibliothek nicht aus einer ehemaligen Fürstenbibliothek mit universellem Sammlungsanspruch, sondern aus einer 1835 eingerichteten ständischen Bibliothek hervorgegangen. Daher konzentriert sich ihr Sammlungsgebiet auf Schrifttum zur Landesgeschichte und Landeskunde Schleswig-Holsteins, wurde aber zwischenzeitlich auch auf museale Gegenstände wie Bilder, Münzen und Medaillen ausgeweitet. 1895 wurde sie in eine öffentliche Bibliothek umgewandelt. 1928 zog die Landesbibliothek ins Kieler Schloss. Durch Auslagerung ihrer Bestände ins Kloster Cismar 1941 beschränkten sich die Verluste im Zweiten Weltkrieg auf etwa 7500 Bände. Weil die landesgeschichtlichen Bestände der Universitätsbibliothek bereits 1942 bei einem Bombenangriff vollständig zerstört wurden, kommt den landeskundlichen Altbeständen der Landesbibliothek eine umso größere Bedeutung zu. Neben der Universitätsbibliothek Kiel und der Stadtbücherei Lübeck ist die Landesbibliothek eine Pflichtbibliothek, der seit 1949/50 von jedem in Schleswig-Holstein verlegten Buch ein Exemplar anzubieten ist.

[059] LANDESGESCHICHTE Der schleswig-holsteinischen Geschichte haftet der Ruf an, besonders kompliziert zu sein. So behauptete der britische Premierminister Lord Palmerston (1784–1865), es gebe überhaupt nur drei Menschen, die die Schleswig-Holstein-Frage verstünden: »Prinz Albert, der ist tot; ein deutscher Professor, der ist verrückt geworden; und ich selbst, der alles vergessen hat.« Gerne wird noch hinzugefügt, dass nur das Vergessen Lord Palmerston davor bewahrt habe, ebenfalls verrückt zu werden. Deshalb lässt sich die Landesgeschichte auch nicht in einem Stichwort abhandeln, zumal es nicht *die* eine Landesgeschichte gibt, denn die deutsche, dänische oder rein schleswig-holsteinische Perspektive erzählen ihre Landesgeschichte durchaus unterschiedlich. Sich auf *eine* Geschichte zu einigen, dürfte nicht leichtfallen. Wie sagte Mark Twain: »Die Tinte, mit der Geschichte geschrieben wird, ist meistens flüssiges Vorurteil.«

[060] LIEDERTAFEL Die Liedertafeln, eine zeitgenössische Bezeichnung für Gesangvereine, spielten in den 1830er und 1840er Jahren eine wichtige Rolle, das nationale Bewusstsein der Bevölkerung zu wecken. Da Parteien und politische Vereine verboten waren, organisierte sich das liberale Bürgertum in Liedertafeln, Turnvereinen und Bürgervereinen, um unter dem Deckmantel dieser scheinbar unpolitischen Vereinigungen seine politischen Forderungen auf den von ihm selbst veranstalteten Festen kundzutun. Zu den großen Sängerfesten und Volksversammlungen in den 1840ern konnten Deutsche, Dänen und Nordfriesen Tausende von Menschen mobilisieren. In der Landesbibliothek befindet sich eine kolorierte Lithografie vom nordfriesischen Volksfest bei Bredstedt am 10. Juni 1844. Auf dem Festgelände wehten Fahnen mit dem vereinigten schleswigschen und holsteinischen Wappen auf rotem Grund. So wollte man die Friesen für die schleswig-holsteinische Bewegung gewinnen.

[061] LITHOGRAFIE Den Steindruck (von »lithos«, griechisch »Stein«) verdankt die Welt dem Bühnenautor Alois Senefelder (1771–1834), der ein billiges Verfahren suchte, seine selbstgeschriebenen Stücke unters Volk zu bringen. Bei einem Spaziergang im Regen 1796 entdeckte er zufällig, dass sich ein heruntergefallenes Blatt auf einem Kalkstein abgebildet hatte. Das brachte ihn auf die Idee, Motive mittels eines komplexen chemischen Verfahrens spiegelverkehrt in den Stein zu ätzen und diesen dann als Druckvorlage zu nutzen. Zum Drucken verwendete er besonders feinen Solnhofener Plattenkalk. Das neue Verfahren kostete nur ein Fünftel eines Kupferstichs. Zudem nutzten sich die Druckplatten nicht so schnell ab. 1826 gelang auch der Druck farbiger Motive, sodass ein Nachkolorieren von Hand nicht mehr nötig wurde. Der Steindruck wurde das meistgenutzte Druckverfahren des 19. Jahrhunderts, und Senefelders Erfindung löste eine wahre Bilderflut aus, die sich in Tausenden Lithografien mit Motiven aus Schleswig-Holstein auch in den Magazinen der Landesbibliothek wiederfindet.

[062] LORNSEN Was den Schotten ihr Freiheitskämpfer William Wallace ist, ist den Schleswig-Holsteinern Uwe Jens Lornsen (1793–1838). Um den dänischen König herauszufordern, musste Lornsen aber kein Heer sammeln und ins Feld ziehen – es reichte das bewusste Auslassen des kleinen Wortes »und«. Als der Jurist und Sylter Landvogt 1830 seine Flugschrift »Ueber das Verfassungswerk in Schleswigholstein« im ganzen Land verbreitete, wusste er, dass er als Staatsdiener eine rote Linie überschritt, denn er forderte nicht weniger als die administrative Trennung der beiden Herzogtümer von Dänemark und damit die Umwandlung des Gesamtstaats in einen Doppelstaat mit einem von Kopenhagen unabhängigen »Schleswigholstein«. Die Reaktion des dänischen Königs kam prompt: Ein Jahr Festungshaft und die Entlassung aus dem Staatsdienst. Lornsen saß seine Strafe in der Festung Rendsburg ab, fand danach aber nicht mehr ins Leben zurück. 1838 nahm er sich am Genfer See das Leben. Sein Freitod machte ihn unsterblich, und die Schleswig-Holsteiner verklärten den »Kämpfer ohne Schwert und Feldherrn ohne Heer« umgehend zum Märtyrer ihres Freiheitskampfes. Die Landesbibliothek hält den Nachlass sowie zahlreiche Drucke zu Ehren Lornsens.

[063] MÄZEN Wilhelm Hans Ahlmann (1817–1910) war ein echter »Macher«, und jeder Kieler und Schleswig-Holsteiner ist schon häufiger mit seinem Erbe in Berührung gekommen. Als Revolutionär stellte er sich 1848 in den Dienst der Provisorischen Regierung, verlegte seine erste Zeitung und führte die Briefmarke in Schleswig-Holstein ein. 1852 gründete er die Ahlmann Bank in Kiel und 1864 die »Kieler Zeitung«. Von 1866 bis 1888 war Ahlmann Mitglied der Kieler Stadtverordnetenversammlung, von 1867 bis 1875 auch Mitglied im preußischen Abgeordnetenhaus. Er plante den historischen Teil der Schleswig-Holsteinischen Provinzialausstellung 1896, aus der die Historische Landeshalle als Museum hervorging, die bis heute ein Teil der Landesbibliothek ist. Wilhelm Hans Ahlmanns Nachlass wird in der Landesbibliothek verwahrt, er zeugt von einem großen Mäzen dieses Landes.

[064] MEDAILLE Im Gegensatz zu Münzen sind Medaillen keine Gebrauchsgegenstände und werden nur zu besonderen Anlässen geprägt. Ein solcher Anlass war die Eröffnung der Eisenbahnstrecke von Altona nach Kiel 1844. Finanziert wurde der Streckenbau über die Ausgabe von Aktien, von denen die meisten die Landesregierung sowie die Städte Altona und Kiel kauften. Die Eisenbahnlinie wurde von über 3300 Arbeitern in weniger als anderthalb Jahren fertiggestellt und öffnete das Land für die Industrialisierung und Moderne. Die von Frederik Alsing geschaffene Medaille aus Silber zeigt auf der einen Seite das Porträt des Landesherrn König Christian VIII. von Dänemark und auf der anderen eine Lokomotive. Sie ist Teil der Langeschen Sammlung (Nr. 169), die circa 3400 Medaillen und Münzen aus Schleswig-Holstein umfasst und in der Landesbibliothek verwahrt wird.

[065] MEERUMSCHLUNGEN »Schleswig-Holstein meerumschlungen, deutscher Sitte hohe Wacht« – mit diesen Zeilen beginnt das Schleswig-Holstein-Lied, unsere (in)offizielle Landeshymne. Die Uraufführung des »Schleswig-Holstein-Liedes« erfolgte auf dem Deutschen Sängerfest in Schleswig vom 23.–25. Juli 1844. Das hochpolitische Lied setzte mit seiner Symbolik ein starkes Zeichen für ein geeintes, vom Königreich Dänemark unabhängiges, deutsches Schleswig-Holstein und war ein Affront gegen den dänischen König als Landesherrn. Die Landesbibliothek besitzt die handgeschriebene Fassung des Schleswig-Holstein-Liedes mit der Melodie von Carl Gottlieb Bellmann aus dem Jahr 1844 mit dem Vermerk, dass jede Stimme »mit Kraft und Feuer«

gesungen werden soll. Der private Radiosender Radio Schleswig-Holstein (RSH) spielt allabendlich um Mitternacht die erste Strophe des Schleswig-Holstein-Liedes.

[066] MÖWE »Hin gen Norden zieht die Möwe / Hin gen Norden zieht mein Herz; / Fliegen beide aus mitsammen, / Fliegen beide heimatwärts. // Ruhig, Herz! du bist zur Stelle; / Flogst gar rasch die weite Bahn – / Und die Möwe schwebt noch rudernd / Überm weiten Ozean.«

In dieser »Möwe« von Theodor Storm steckt ganz viel von Schleswig-Holsteins heimlichem Nationaldichter. Weil die dänische Regierung Theodor Storm 1852 aus politischen Gründen seine Zulassung als Anwalt in Husum entzog, musste der überzeugte Antipreuße sich drei Jahre als unbezahlter Gerichtsassessor im verhassten Potsdam verdingen, ehe er 1856 eine Anstellung als Richter am Kreisgericht im damals ebenfalls preußischen Heiligenstadt erhielt. Erst nach der dänischen Niederlage gegen Preußen 1864 konnte er in seine Heimatstadt Husum zurückkehren. Er wurde von der dortigen Bevölkerung zum Landvogt (Amtsrichter) gewählt und widmete sich mit Leidenschaft der Schriftstellerei. Die Möwe und Storm – beide fühlten sich nur am Meer zuhause.

[067] MOMMSEN Im Jahr 1902 ehrte die Schwedische Akademie Theodor Mommsen (1817–1903) für seine »Römische Geschichte« mit dem Nobelpreis für Literatur. In der Landesbibliothek können sie Theodor Mommsens Leben und Wirken auf Schritt und Tritt verfolgen. Der gebürtige Gardinger studierte ab 1838 Rechtswissenschaften in Kiel und schrieb

DAS NEUNZEHNTE JAHRHUNDERT
IN BILDNISSEN
Theodor Mommsen

dabei erste Gedichte. Während der Revolution 1848 betätigte er sich als politischer Redakteur für die progressive »Schleswig-Holsteinische Zeitung«. Des öden Lehrerdaseins an Mädchenschulen überdrüssig, bereiste er Italien und widmete sich ausgiebig der römischen Geschichte. 1861 erhielt er endlich seinen Lehrstuhl für römische Altertumskunde in Berlin, wo er sich ganz der Erforschung der römischen Geschichte widmen konnte. Die Landesbibliothek hält nicht nur viele seiner über 1500 wissenschaftlichen Titel, sondern sie können dem unermüdlichen Forscher auch in seinem Arbeitszimmer unter den wachsamen Augen Caesars beim Schreiben zusehen.

[068] MÜNZE Münzen sind Gebrauchsgegenstände und gehen durch viele Hände. Daher eignen sie sich bestens, politische Botschaften unters Volk zu bringen. Eine solche Botschaft verbreitete der sogenannte Husumer Taler aus dem Jahr 1522. Er ist die erste Talerprägung in Schleswig-Holstein und zugleich eine der ältesten Porträtmünzen. Er zeigt Herzog Friedrich I. von Schleswig-Holstein-Gottorf, nachdem er im Bordesholmer Vertrag seinem Neffen, dem dänischen König Christian II., den Verzicht auf die Lehnshoheit und die Anerkennung der Neutralität der Herzogtümer Schleswig und Holstein abgerungen hat. Der Husumer Taler zeigt das Porträt des selbstbewussten Herzogs ungeschönt mit Backenbart und Doppelkinn. 1523 schloss sich Friedrich I. dem Aufstand des jütischen Adels gegen Christian II. an und zwang ihn zur Flucht aus Dänemark. Nach der Absetzung seines Neffen wurde Friedrich I. 1523 von den dänischen Ständen zum

BODE·PANZER

König gewählt und regierte bis 1533. Vom Husumer Taler gibt es nur noch elf bekannte Exemplare, eins davon besitzt die Landesbibliothek in der Langeschen Sammlung.

[069] MUSIK Was wäre das Leben ohne Musik? Die Musiksammlung der Landesbibliothek umfasst ungefähr 25 000 Notendrucke, 3000 Notenhandschriften und 100 Textbücher. Darunter befinden sich auch Noten des berühmten 1786 in Eutin geborenen Komponisten, Dirigenten und Pianisten Carl Maria von Weber, dessen bekanntestes Werk die am 18. Juni 1821 im Berliner Schauspielhaus am Gendarmenmarkt uraufgeführte Oper »Der Freischütz« ist. Gesammelt werden aber auch Liederbücher zum schleswig-holsteinischen Volkslied und Kompositionen zu Texten schleswig-holsteinischer Dichter wie Theodor Storm, Klaus Groth, Emanuel Geibel, Friedrich Hebbel, Gustav Falke, Emil zu Schoenaich-Carolath und Sarah Kirsch.

[070] NACHLASS Wenn eine Persönlichkeit des Öffentlichen Lebens das Zeitliche segnet, stehen die Erben oft vor der Frage, wohin mit all dem schriftlichen Gut. 1908 suchte so beispielsweise die Kieler Stadtverordnetenversammlung einen Verbleib für den von einem Komitee erworbenen Nachlass des Dichters Klaus Groth. Die Landesbibliothek übernahm ihn als ersten schriftlichen Nachlass – und setzte mit diesem Schritt den Grundstein für den systematischen Aufbau einer Nachlass-Abteilung innerhalb der Handschriftensammlung. Mittlerweile sind es über 250 Nachlässe schleswig-holsteinischer Dichter, Wissenschaftler und Gelehrter aus fast vier Jahrhunderten, die mit Korrespondenzen, Manuskripten, persönlichen Dokumenten und Notizen einen breiten Quellenfundus bieten. Ihr Höchstmaß an Authentizität macht diese Nachlassdokumente zu wertvollen Unikaten, die einen ganz privaten Blick über die Schulter des Nachlassers erlauben. Keine Angst: Nicht für alle Dokumente muss man der Kurrent- oder Sütterlinschrift mächtig sein, um sie lesen zu können. Die Handschriftenabteilung bewahrt auch einen nicht unwesentlichen Anteil an Typoskripten.

[071] NACH(T)BAR Die Nachbarschaft der Landesbibliothek ist ein illustrer Spiegel der Gesellschaft. Über der Bibliothek hat das Landesamt für Denkmalpflege seinen Sitz, und im obersten Geschoss mit seinem wunderbaren Blick über den Hafen trifft man auf den Hauseigentümer – den alteingesessenen Schiffsdienstleister Sartori & Berger. Neben der Landesbibliothek befindet sich der moderne Sell-Speicher mit Anwaltskanzleien, Arztpraxen und Banken. Dahinter zeigt das Schifffahrtsmuseum in der historischen Fischhalle seine maritimen Schätze. Auf der gegenüberliegenden Straßenseite befindet sich das Landesfunkhaus Schleswig-Holstein des Norddeutschen Rundfunks. Wenn in der Landesbibliothek abends die Türen geschlossen werden, geht es auf der gegenüberliegenden Straßenseite erst richtig los und die »Küste« lädt zum Feiern ein. Die grellen Leuchtreklamen, laute Musik und roten Fenster lassen keinen Zweifel daran, dass nicht in jeder Lokalität der Ausschank von Getränken und Speisen im Mittelpunkt des Geschäftsinteresses steht. Kultur und Rotlichtbezirk auf engstem Raum beisammen, das gibt es nur in Hafenstädten wie Kiel.

[072] NATUR Auch in Schleswig-Holstein hat der Mensch stark in die Natur eingegriffen, dennoch gibt es noch einige naturbelassene Räume. Der Nationalpark Wattenmeer an der Westküste ist Weltnaturerbe und Biosphärenreservat der UNESCO und zeichnet sich durch eine einzigartige, gezeitenabhängige Tier- und Pflanzenvielfalt aus. Auch für Naturfreunde ist die Landesbibliothek eine Fundgrube. Sie besitzt nicht nur historische Darstellungen zur Fauna, Flora und Tierwelt Schleswig-Holsteins, sondern hält auch die moderne Fachliteratur zu Ökologie und Umwelt. Die ständig aktualisierten topografischen Karten der Preußischen Landesaufnahme 1880–1882 oder des Landesvermessungsamtes Schleswig-Holstein, die als Pflichtexemplare in die Landesbibliothek abgegeben werden, zeigen, wie sich die Landschaft durch die Eingriffe des Menschen gewandelt hat. An der Westküste entstanden neue Köge, Flüsse wurden begradigt und Moore trockengelegt. Gleichzeitig wuchsen die Städte in die Landschaft und Verkehrswege wurden ausgebaut. Aber es gibt auch gegenteilige Entwicklungen wie z. B. an der Geltinger Birk, wo die Natur in ihren ursprünglichen Zustand zurückversetzt wird.

[073] NEURUPPINER BILDERBOGEN Man nehme bunte Bilder, fette Überschriften und einen kurzen und einfachen Text – fertig ist der Neuruppiner Bilderbogen, die Bildzeitung des 19. Jahrhunderts. Es gibt kaum ein wichtiges Ereignis, das nicht innerhalb weniger Tage auf diesen Einblattdrucken gezeigt wurde. Auch die Produktion war auf billige Massenware ausgelegt. Die einfarbigen Lithografien wurden in hoher Stückzahl auf billigem Papier gedruckt und von Frauen und

Kindern im Akkord mit Schablonen ausgemalt. Produziert wurden diese Bildbögen vor allem in der Werkstätte von Johann Bernhard Kühn und seinem Sohn Gustav Kühn in Neuruppin. Insbesondere in politisch stürmischen Zeiten wie zur Revolution 1848/49 und dem Krieg mit Dänemark gierte die einfache Landbevölkerung nach Informationen, und Gustav Kühn brachte jede Woche ein frisches Blatt zu den neuesten Ereignissen heraus, wie z. B. der Explosion des dänischen Linienschiffs Christian VIII. in der Eckernförder Bucht am 5. April 1849. Die Landesbibliothek verfügt über die meisten Neuruppiner Bögen zum Schleswig-Holsteinischen Krieg.

[074] NIEBUHR Einmal nach Arabien und zurück. Im Jahr 1761 brach der Mathematiker und Kartograf Carsten Niebuhr (1733–1815) im Auftrag des dänischen Königs zur ersten wissenschaftlichen Erkundungsreise nach Arabien auf. Über den Sinai, Dschidda und Mekka erreichte Niebuhr schließlich den bis dahin völlig unbekannten Jemen. 1767 kam er über Indien und Persien als einziger Überlebender an seinen Ausgangsort nach Kopenhagen zurück. Er veröffentlichte die Erkenntnisse seiner Expedition als wissenschaftlichen Reisebericht mit zahlreichen Kupferstichen und erhielt viele Auszeichnungen. Die von ihm angefertigte Karte des Jemen behielt für die nächsten 200 Jahre ihre Gültigkeit.

[075] NIEDERDEUTSCH »Wi snackt Platt.« Lange Zeit war Nieder- oder Plattdeutsch die »Mudderspraak« der meisten Schleswig-Holsteiner, bis es vom Hochdeutschen verdrängt wurde. Die Bewahrung der niederdeutschen Sprache ist ein

Kernanliegen der Landesbibliothek. Neben den Werken klassischer niederdeutscher Autoren wie Klaus Groth sammelt die Bibliothek auch die Literatur moderner niederdeutscher Autoren aus dem 20. Jahrhundert wie Hinrich Kruse oder Reimer Bull. Ob Gedichte, Kurzgeschichten, Hörspiele oder Übersetzungen ins Niederdeutsche – die Werke und Nachlässe niederdeutscher Autoren machen die Landesbibliothek zu einem der wichtigsten Quellenarchive zu der mehr als 200-jährigen niederdeutschen Literaturtradition.

[076] NORDSCHLESWIG Die heutige Staatsgrenze zwischen Deutschland und Dänemark ist eine künstliche und keine historisch gewachsene Grenze. Sie wurde 1920 nach zwei Volksabstimmungen mitten durch das alte Herzogtum Schleswig gezogen und teilt es seitdem in einen dänischen und einen deutschen Teil. Die Volksabstimmungen wurden von einem sehr emotional geführten Wahlkampf begleitet. Die Landesbibliothek besitzt zahlreiche deutsche und dänische Abstimmungsplakate aus dieser Zeit, die zeigen, wie beide Volksgruppen ihre Anhänger mobilisierten. Mit dem Zusammenwachsen Europas hat die deutsch-dänische Grenze ihren trennenden Charakter in den letzten Jahrzehnten zunehmend verloren. Das gilt allerdings nur für Zweibeiner – für Wildschweine ist seit 2019 am neuen Wildschweinzaun entlang der Grenze Ende der Reise.

[077] NOTGELD Wer wäre nicht gern Millionär oder Milliardär? 1923 waren alle Deutschen Millionäre und Milliardäre, zumindest auf dem Papier. Nur kaufen konnten sie sich für

MUTTER
Wir wollen Deutsch sein
wie unsere Väter waren.
Ich bin Deutsch
DENK AN MICH

ihre Millionen leider kaum etwas. Nach dem verlorenen Ersten Weltkrieg büßte die deutsche Währung rasch an Wert ein. 1923 erreichte die Hyperinflation ihren Höhepunkt und ein Laib Brot kostete mehrere Milliarden Mark. Viele schleswig-holsteinische Gemeinden gaben in dieser Zeit ihr eigenes Notgeld heraus, um den Wirtschaftskreislauf am Leben zu halten. Die Geld- und Notgeldsammlung der Landesbibliothek umfasst ca. 13 000 Objekte von Nordschleswig über Hamburg und Lübeck bis Lauenburg, vom frühen 19. Jahrhundert bis zur Währungsreform 1948. Darunter ist auch ein 10 000 000 000 000-Mark-Notgeldschein (10 Billionen) der Stadt Kiel vom 20. November 1923 – der nominal größte jemals in Schleswig-Holstein herausgegebene Geldschein.

[078] OFFENHEIT Was ist die Aufgabe einer Bibliothek? Sie sammelt. Bücher, Dokumente, Quellen, Autografen, zunehmend auch sogenannte unkörperliche Medienwerke, Dateien, Aufzeichnungen. Ohne eine Sammlung hat keine Bibliothek eine Daseinsberechtigung. Bücher, Dokumente, Quellen, Dateien – das sind Bausteine unseres gemeinsamen Wissens. Doch zu sammeln, ist nicht die primäre Aufgabe der Bibliothek, sondern auch und vor allem das Gesammelte zu öffnen. Wie kann man Offenheit beschreiben? Sie zeichnet ein gewisser Einfallsreichtum aus, Originalität und vor allem Neugier. Bibliotheken sind per se offene, weil öffentliche Institutionen. Sie haben deswegen die explizite Aufgabe, Wissen zu öffnen und zu teilen. Unsere Zeit ist gekennzeichnet von einer neuen Unüberschaubarkeit. Da braucht es offene Räume für den Diskurs, für die Erfahrung und für die

Eine Billion
MARK
Zehn Billionen
Eine Billion
MARK

Erkenntnis. Eine offene Bibliothek ist also durch Besuche und Begegnung erfahrbar und gleichzeitig Ort für das demokratische Wissensmanagement. Die Landesbibliothek wird weiterhin ihrem Auftrag gerecht werden, offen für Alle und offen für Alles zu sein. Und natürlich für offenes Denken zu sorgen.

[079] OLDE Hans Olde (1855–1917) gehört wahrlich zu den großen Malern Schleswig-Holsteins, denkt man nur an sein 3,25 mal 4,70 Meter großes Kolossalgemälde von der Ausrufung der Provisorischen Regierung für Schleswig-Holstein 1848. Viel berühmter wurde er allerdings durch seine 1899 angefertigte kleine Radierung von Friedrich Nietzsche, die bis heute unser Bild von dem berühmten Philosophen mit dem buschigen Schnauzbart prägt. Olde porträtierte den bereits von schwerer Krankheit gezeichneten Philosophen ein Jahr vor dessen Tod. Dazu reiste er nach Weimar, wo Nietzsches Schwester außer den Ärzten schon niemanden mehr an das Krankenbett ihres Bruders lassen wollte. Dort fertigte Olde Bleistift-, Kohle- und Ölskizzen an und machte Fotografien. Mit dem Ergebnis seiner Arbeit war Olde gar nicht zufrieden. Die in der Zeitschrift »Pan« abgedruckte Radierung Nietzsches wurde vom Auftraggeber stark verändert, in Oldes Worten »verhunzt«, denn niemand sollte den auf dem Höhepunkt seiner Verehrung stehenden Philosophen als todgeweihten Mann sehen. Die Landesbibliothek verfügt über ein Exemplar der Nietzsche-Radierung in der Landesgeschichtlichen Sammlung.

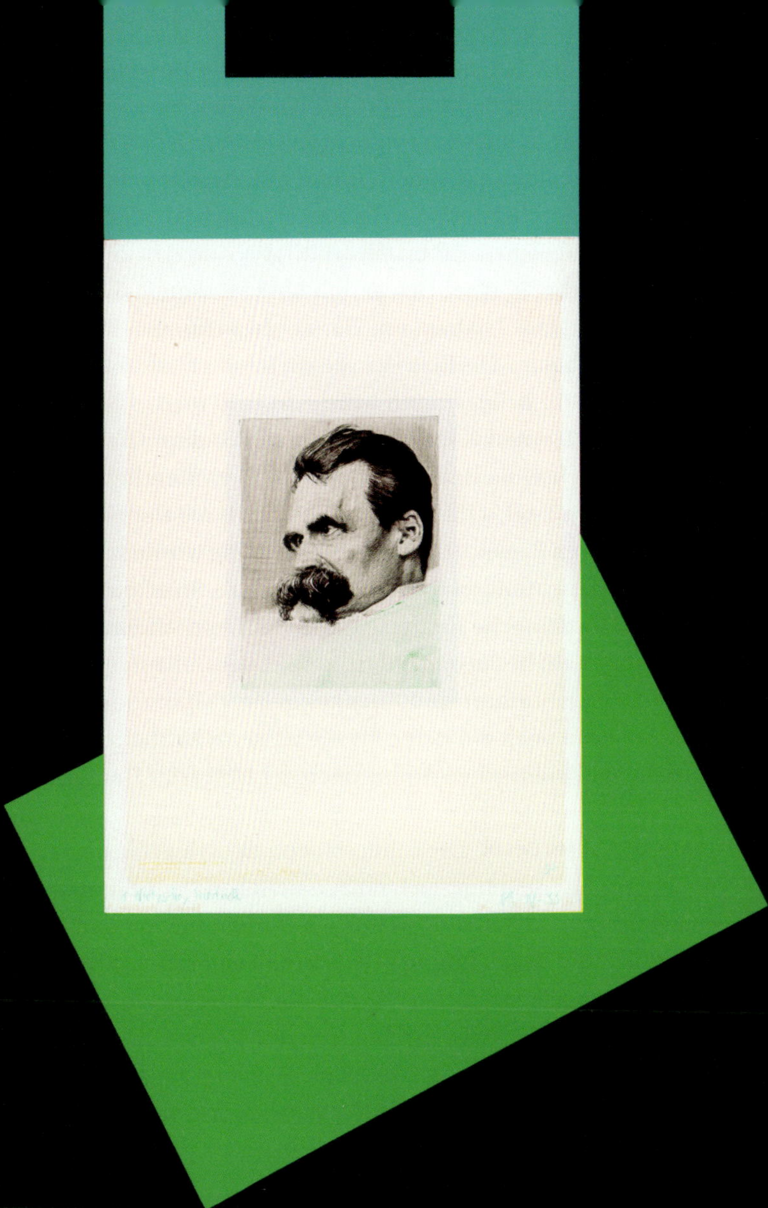

[080] OLEARIUS Kleiner Staat ganz groß. Die Herzöge von Schleswig-Holstein-Gottorf verfügten nur über ein sehr kleines Territorium. Dennoch versuchten sie im 17. Jahrhundert auf der großen europäischen Bühne mitzuspielen. Im Auftrag des wissenschaftsaffinen Herzogs Friedrich III. reiste der Gottorfer Hofgelehrte Adam Olearius (1599–1671) in den Jahren 1633 bis 1639 in einer Delegation über Moskau in die persische Hauptstadt Isfahan, um Handelsbeziehungen in den Orient aufzubauen. Die Reise wurde ein totales Desaster, und Reiseleiter Otto Brüggemann wurde deshalb 1640 in Schleswig öffentlich einen Kopf kürzer gemacht. Adam Olearius dagegen machte die Reise berühmt. 1647 veröffentlichte er sie unter dem Titel »Offt begehrte Beschreibung Der Newen Orientalischen Reise«. Die Reisebeschreibung wurde schnell zu einem bedeutenden Nachschlagewerk zu Russland und Persien. Die deutsche Erstausgabe in der Landesbibliothek ist nicht nur ein herausragendes Beispiel deutschsprachiger Wissenschaftsliteratur und Buchkultur im Zeitalter des Barock, sondern auch ein Beleg für die wissenschaftlichen Ansprüche und politischen Ambitionen der Gottorfer Herzöge.

[081] ORTSCHRONIK Die Landesbibliothek verfügt über eine umfangreiche Sammlung an heimatkundlichen Darstellungen einzelner Orte in Schleswig-Holstein, für die sich umgangssprachlich die Bezeichnung »Ortschroniken« durchgesetzt hat. Diese lokalhistorischen Werke, die häufig von Autorenkollektiven aus Fachwissenschaftlern und lokalen Laien verfasst werden, sollen möglichst viele Aspekte der sozialen, wirtschaftlichen und kulturellen Dorfentwicklung wiedergeben.

Dabei liegt die Kunst darin, die ortstypischen Besonderheiten vor dem Hintergrund der Landesgeschichte herauszuarbeiten und lokale Erkenntnisse für die übergreifende Geschichtsschreibung bereitzustellen. Eine große Bedeutung kommt den neueren Ortschroniken auch bei der lokalen Aufarbeitung des Nationalsozialismus zu. Die Landesbibliothek verfügt über Handbücher und Ratgeber zum erfolgreichen Schreiben von Ortschroniken und berät die lokalen Autoren bei ihrer Arbeit.

[082] PAX OPTIMA RERUM »Frieden ist das höchste Gut« – so lautet das Motto der am 5. Oktober 1665 von Herzog Christian-Albrecht von Schleswig-Holstein-Gottorf gegründeten Universität Kiel. Die Landesbibliothek besitzt ein Exemplar der zur Gründung der Universität von Alexander Julius Torquatus a Frangipani ein Jahr später herausgegebenen Festschrift »Christiano-Albertinæ Inavgvratio«. Diese Festschrift dokumentiert nicht nur den Gründungsakt unserer Landesuniversität in der Kieler Nikolaikirche ausführlich in Bildern und Texten, sondern sie enthält auch die Noten der eigens für diesen Festtag von Hofkapellmeister Augustin Pfleger komponierten Musik. Die Christian-Albrechts-Universität zu Kiel ist vermutlich die einzige Universität in Deutschland, deren Gründungsmusik erhalten ist. Dennoch dauerte es bis zum 350-jährigen Jubiläum im Jahr 2015, dass die Gründungsmusik erstmals wieder aufgeführt wurde.

[083] PERSÖNLICH Die persönliche Betreuung der Benutzer*innen wird in der Landesbibliothek großgeschrieben. Bei schwierigen Recherchen helfen die erfahrenen Biblio-

thekar*innen gerne und die Leiterinnen der Handschriften- oder Musikalienabteilung beraten die Leser*innen persönlich vor Ort. Auch die kurzen Wege sind ein großer Vorteil. Ob man von einem bestimmten Autor ein Manuskript einsehen möchte oder ein gedrucktes Buch sucht, ob die deutsche oder dänische Fachliteratur dazu – in der Landesbibliothek ist alles unter einem Dach und wenn man Glück hat, lässt sich in der Landesgeschichtlichen Sammlung auch noch eine passende Abbildung der gesuchten Person finden. Das alles kann häufig direkt vor Ort mit den Verantwortlichen der Bibliothek geklärt werden. Die Landesbibliothek lädt auch zum Verweilen ein, ist auch ein Treffpunkt, Ort der Begegnung – jedermann kann sich auf seinen ganz persönlichen Weg begeben, die Geschichte des Landes zu erforschen und zu erfahren.

[084] PFLICHTSTELLE Von jedem in Schleswig-Holstein durch einen Verlag oder im Eigenverlag gedruckten oder digital publizierten Medienwerk ist der Landesbibliothek seit 1949/50 unaufgefordert ein Exemplar anzubieten. Diese im Bibliotheksgesetz geregelte Pflichtabgabe stellt sicher, dass das kulturelle Schaffen des Landes archiviert, bibliografisch dokumentiert und der Öffentlichkeit zugänglich gemacht wird. Die Pflichtabgabe gilt nicht für »Kundeninformationen« (umgangssprachlich Werbung genannt). Da es in Schleswig-Holstein auch ein paar sehr spezialisierte Verlage gibt, verfügt die Landesbibliothek dank der Pflichtabgabe über eine exquisite Sammlung von Literatur für Erwachsene. Dazu gehören erotische Comics aus Nordhastedt, lesbische Liebesromane aus Uetersen und großzügig bebilderte Druckwerke einer weit über die Landesgrenzen hinaus bekannten ehemaligen Flensburger Erotikunternehmerin. Letztere sind inzwischen von der Digitalisierung weitgehend in das Internet verdrängt worden.

[085] POSTKARTE Heutzutage wirkt die Bild- oder Ansichtspostkarte wie ein altmodisches Relikt aus längst vergangenen Zeiten. Ein schnelles Handyfoto oder ein Selfie bei Instagram gepostet – schon weiß die Welt, wo man sich gerade aufhält. Früher verschickten Reisende zu diesem Zweck Bildpostkarten. Diese Ansichtspostkarten sind heute wichtige Bildquellen zur Geschichte von Städten und Landschaften. Die Landesbibliothek sammelt gezielt Bildpostkarten aus Schleswig-Holstein. So verfügt die Landesbibliothek durch Ankauf über circa 700 Postkarten von Alt-Kiel vor dem Ersten Weltkrieg und etwa 1500 Postkarten von Dithmarschen. Darüber hinaus verfügt die Landesbibliothek auch über themenbezogene Sammlungen wie z. B. zum Post- und Eisenbahnwesen.

[086] PROFESSOR Im Jahr 2019 unterrichteten etwa 400 Professor*innen ungefähr 27 000 Studierende an der Christian-Albrechts-Universität. Angefangen hatte es 1665 mit nur 18 Professoren und 162 Studenten. Bis weit ins 19. Jahrhundert blieb die CAU eine der kleinsten Universitäten Deutschlands. In der Landesgeschichtlichen Sammlung befindet sich als Leihgabe der CAU ein Schaukasten mit Wachsmedaillons von 22 Kieler Professoren, die um 1795 an der CAU gelehrt haben, was so ziemlich dem gesamten Lehrkörper entsprach. Geschaffen wurden sie vom Schleswiger Zeichenmeister Carl Daniel Voigts, der sich mit diesen Wachsbossierungen um die Stelle des Universitätszeichenlehrers bewarb. Im 19. Jahrhundert ließen sich die Kieler Professoren dann fotografieren, sodass die Landesbibliothek aus dieser Zeit mehrere Alben mit Professorenporträts besitzt. Weil sich die 22 Kieler Professoren in Wachs nicht symmetrisch anordnen ließen, ergänzte sie Voigts kurzerhand um zwei Wachsköpfe von den Aufklärungsphilosophen Immanuel Kant und Christian Gellert, obwohl beide nie an der CAU gelehrt haben.

[087] PROKLAMATION Große Ereignisse erfordern große Gemälde. Das größte in der Landesbibliothek verwahrte Gemälde zeigt ein solches Ereignis: Die Proklamation der Provisorischen Regierung für Schleswig-Holstein am 24. März 1848 vor dem Kieler Rathaus am Alten Markt. Gemalt wurde das 3,25 mal 4,70 Meter große Kolossalgemälde von Hans Olde und Julius Fürst zum 50. Jahrestag des Ereignisses 1898. Damals hing es für wenige Tage sogar ungeschützt vor Wind und Wetter an der Außenfassade des Rathauses am Alten Markt. 2012 wurde das Gemälde aufwändig restauriert und wartet seitdem, aufgerollt auf einer Teppichrolle, auf einen neuen Ausstellungsort. Da das Revolutionsjahr 1848 – wenn auch nur temporär – den Beginn der Demokratie in Schleswig-Holstein einleitete, wäre das Landeshaus mit dem schleswig-holsteinischen Landtag doch eigentlich ein geeigneter Ort für dieses wichtige und zugleich wuchtige Gemälde?

[088] PROVENIENZ Woher kommen die Kulturgüter und Kunstwerke in unseren Kultureinrichtungen? Die Provenienz eines Objektes verrät Wertvolles über seine ganz persönliche Überlieferungsgeschichte. Die Landesbibliothek führt daher Inventar- und Akzessionsbücher, die die genaue Herkunft der Kulturgüter über Jahrzehnte dokumentieren. Mit der Frage der Geschichte und Herkunft von Kulturobjekten befasst sich die Provenienzforschung. In den letzten Jahren hat diese Fachrichtung vor dem Hintergrund der Diskussion um die Rückgabe von Kulturgütern, die in der Zeit des Kolonialismus oder des Nationalsozialismus ihren damaligen Eigentümern geraubt wurden (sogenannte Raubkunst), erheblich an Bedeutung gewonnen. Dafür müssen die ursprünglichen Eigentümer ermittelt werden. Die Landesbibliothek prüft deshalb ihre Kulturobjekte auf etwaige Eigentümervermerke, Signaturen, Stempel, Initialen oder Exlibris bei Büchern.

[089] PROVINZIALAUSSTELLUNG Nach zwei Jahren intensiver Vorbereitung öffnete am 13. Mai 1896 die »Ausstellung der Provinz Schleswig-Holstein, verbunden mit Sonder-Ausstellungen und einer internationalen Schifffahrts-Ausstellung« ihre Pforten für das staunende Publikum. Auf dem sanft zur Wiker Bucht abfallenden Ausstellungsgelände zwischen dem Düvelsbeker Weg und der Holtenauer Straße wurden in mehreren großen aus Holz gebauten, reichlich mit Türmchen verzierten Hallen Produkte aus allen Bereichen der Landwirtschaft, des Maschinenbaus sowie der Metall- und Textilindustrie aus Schleswig-Holstein gezeigt. Eine Sonderausstellung zur Frauenarbeit zeigte alles, »was weiblicher

Fleiß in Schleswig-Holsteinischen Landen an mannigfachen Gegenständen zum Benutzen und Genießen schafft«. Aus der Historischen Ausstellung im Hauptgebäude, die die Geschichte Schleswig-Holsteins von 1815 bis 1865 in Bild und Wort zeigte, ging die umfangreiche Landesgeschichtliche Sammlung der Landesbibliothek hervor. Diese Ausstellung war die am besten besuchte, und der dazugehörige Katalog musste sieben Mal wiederaufgelegt werden.

[090] QUELLE Quellen sind die Spuren der Geschichte. Letztlich sind alle Texte, Gegenstände oder Tatsachen, aus denen Kenntnis der Vergangenheit gewonnen werden kann, Quellen. Vom Faustkeil aus der Steinzeit bis zur digital erstellten Datei im 21. Jahrhundert – die verschiedenen Quellengattungen bilden die historische Entwicklung und das Leben der Menschen ab. Das spiegelt sich auch in den Beständen der Landesbibliothek wider. Ob handschriftliche Aufzeichnungen aus dem Mittelalter, gedruckte Werke aus der frühen Neuzeit, Gemälde, Fotografien oder Musik – alles mit einem Bezug zu Schleswig-Holstein hat seinen Platz in der Landesbibliothek und der Landesgeschichtlichen Sammlung. Viele dieser Quellen sind Unikate. Die Auswertung verschiedener Quellengruppen erlaubt es den Historikern und Volkskundlern, vergangene Zeiten umfassend zu rekonstruieren. Allerdings dürfen Quellen nie unkritisch betrachtet werden. Ihre Entstehungsgeschichte und Intention sind zu berücksichtigen, um ihren Erkenntniswert für die historische Forschung zu bestimmen.

[091] RADIERUNG Die Radierung ist eine in der frühen Neuzeit entstandene Drucktechnik. Bei der Kaltnadelradierung wird eine Zeichnung mit einer besonders harten Nadel direkt in eine Metallplatte geritzt. Bei der Ätzradierung wird die Zeichnung zunächst in eine weiche Abdeckschicht gekratzt. Anschließend wird die Platte geätzt, wobei die Ätzflüssigkeit nur die angekratzten Stellen angreift. Danach wird die Deckschicht entfernt. In beiden Verfahren sammelt sich die Druckerschwärze in den eingeritzten oder eingeätzten Vertiefungen (Tiefdruck) und wird auf das Druckpapier übertragen. Diese Technik ist auch bei modernen Künstlern beliebt. Maria Reeses kolorierte Radierung »Eckernförder Hafen« entstand 1969. Sie zeigt den Fischerei- und Handelshafen mit dem denkmalgeschützten Siemsen-Speicher und der St.-Nicolai-Kirche im Hintergrund. Die Radierung befindet sich in der Landesgeschichtlichen Sammlung.

[092] RANTZAU Die Rantzaus haben wie keine andere Adelsfamilie die Geschichte Schleswig-Holsteins beeinflusst, und sie wussten auch, wie man sich seinen Platz in den Geschichtsbüchern sichert. Lange wurde das 16. Jahrhundert auch als das »Rantzausche Zeitalter« bezeichnet. Johann Rantzau (1492–1565) eroberte für seinen Landesherrn Herzog Friedrich I. im Jahr 1523 die dänische Krone und warf 1559 zusammen mit dessen Enkel König Friedrich II. die Bauernrepublik Dithmarschen nieder. Johanns Sohn Heinrich Rantzau (1526–1598) widmete sich als königlicher Statthalter mehr den schönen Künsten und finanzierte prachtvolle Buchbände, die die Taten König Friedrich II. lobpreisten. Natürlich kamen darin

auch sein Vater und die eigene Familie nicht zu kurz. Die Landesbibliothek hat viele der von Heinrich Rantzau publizierten Bücher. Ein Kupferstich aus den »Res gestae … Friderici II.« (Taten Friedrich II.) aus dem Jahr 1589 zeigt die Erstürmung der Dithmarscher Hauptstadt Heide am 13. Juni 1559. Ganz oben reitet Johann Rantzau mit seinen Rittern gegen die Dithmarscher Bauern. Auch beim anschließenden Unterwerfungsakt der besiegten Dithmarscher wird ganz unbescheiden darauf hingewiesen, dass neben den Herzögen natürlich auch Johann und Heinrich Rantzau diesem historischen Ereignis beigewohnt haben. Heinrich Rantzaus eigene prachtvolle Bibliothek auf Schloss Breitenburg wurde 1627 von Wallensteins Truppen geplündert und nach Prag verschleppt.

[093] RESTAURIERUNG Die Bestandserhaltung ist eine wesentliche Aufgabe der Landesbibliothek. Nicht jedes Buch oder jede Handschrift, die Sie im Lesesaal einsehen können, ist in dem Zustand in die Landesbibliothek gekommen, wie sie dem Leser vorgelegt wird. Papier, insbesondere wenn es zwischen 1850 und 1950 produziert wurde, unterliegt herstellungsbedingten Alterungsprozessen. Diesen »Säurefraß« genannten Zerfallsprozess durch Entsäuerung aufzuhalten, ist eine der großen Herausforderungen für alle Bibliotheken mit Altbeständen. Aber auch »Tintenfraß«, Schimmel und gefräßige Schädlinge wie Papierfischchen bedrohen wertvolle alte Handschriften und Bücher, sodass diese regelmäßig kontrolliert und gegebenenfalls in mühevoller Handarbeit restauriert werden müssen. Streng geregelte Temperatur und Luftfeuchtigkeit sorgen in den Magazinen der Landesbibliothek für optimale Aufbewahrungsbedingungen unseres wertvollen Kulturgutes. In den letzten Jahren hat die Landesbibliothek vor allem mit der Entsäuerung der Handbibliothek Klaus Groths sowie der Einzelblattrestaurierung der Familienbriefe von Johann Heinrich Voß und Theodor Storm einen wichtigen Beitrag zur Bestandserhaltung geleistet.

[094] ROSS Mit sensationellen archäologischen Fundstücken kann die Landesbibliothek leider nicht aufwarten, dennoch hat sie auch für Klassische Archäologen einiges zu bieten. Das liegt daran, dass der an der Kieler Universität ausgebildete Altphilologe Ludwig Ross (1806–1859) im Jahr 1834 vom neuen griechischen König Otto I. aus dem Haus Wittelsbach zum Oberkonservator der Altertümer in Athen bestellt wurde, wo er die ersten systematischen Ausgrabungen auf der Akropolis durchführte und dabei auch den Fundkontext der Objekte berücksichtigte. 1845 wechselte er durch Vermittlung seines Freundes Alexander von Humboldt auf die Professur für Klassische Archäologie an die Universität Halle. Im Jahr 2008 wurden 100 bis dahin unbekannte Originalbriefe von Ludwig Ross gefunden und mit Unterstützung der Fielmann AG der Landesbibliothek übergeben, wo sie seinem Nachlass hinzugefügt wurden und seitdem der Forschung zur Verfügung stehen.

[095] SAMMLUNG Das Sammeln, Erschließen, Bewahren und Zugänglichmachen des kulturellen Erbes unseres Landes ist die Kernaufgabe der Landesbibliothek. Dabei gibt es viele verschiedene Wege, wie Bücher und Objekte ihren

Weg in den Lesesaal oder die Magazine der Bibliothek finden. In Schleswig-Holstein verlegte Literatur wird über die Pflichtabgabe eingefordert. Zusätzlich kauft die Bibliothek gezielt neue Literatur über Schleswig-Holstein an und bietet auf Auktionen um ältere Werke oder Objekte zur Ergänzung ihrer Sammlungen mit. Dazu werten die Bibliothekare und Sammlungsleiter regelmäßig die Verlags- und Auktionskataloge im Hinblick auf mögliche Neuerwerbungen aus. Der Schriftentausch eigener Publikationen mit anderen Bibliotheken und Instituten trägt ebenfalls zur Erweiterung der Bestände bei. Schenkungen und Dauerleihgaben aus privater Hand werden gerne angenommen, wenn sie in die Sammlungsgebiete der Bibliothek passen. Zur Bestandsentwicklung gehört aber auch die Deakzession, d. h. die Abgabe von Doubletten oder nicht mehr benötigten Büchern.

[096] SARTORI Seit 2002 ist die Landesbibliothek im Sartori & Berger-Speicher untergebracht. Benannt ist der Speicher nach dem Schiffsmakler und Reeder August Sartori (1837–1903). 1858 gründete er in Kiel mit seinem Kompagnon Johann Berger zunächst eine Schiffsmaklerei und 1863 die Reederei Sartori & Berger, die Linien nach Göteborg, Stettin, Danzig und Königsberg betrieb. In den 1870er und 1880er Jahren ersetzte die Reederei ihre Segelschiffe durch über 20 Dampfschiffe. Ab 1880 betrieb Sartori & Berger die Postdampferlinie Kiel-Korsør. August Sartori betätigte sich auch politisch. Er war Stadtverordneter, Vorsitzender der Kieler Handelskammer und ein wichtiger Fürsprecher für den Bau des Kaiser-Wilhelm-Kanals. Den 1925–26 errichteten heutigen

Sartori & Berger-Speicher erwarb das Schifffahrtsunternehmen erst nach dem Zweiten Weltkrieg. Das Unternehmen hat in den vergangenen Jahren die Ausstellungen und Publikationen der Landesbibliothek großzügig unterstützt.

[097] SCHACH Wer das »königliche Spiel« aus Persien liebt, ist in der Landesbibliothek genau richtig. Dank zwei testamentarischer Schenkungen besitzt die Landesbibliothek mit über 13 000 Bänden die größte, öffentlich zugängliche Sammlung von Schachliteratur in Deutschland. Schwerpunkte sind Bücher zur Geschichte des Schachspiels seit dem 18. Jahrhundert, zu Schachproblemen und Endspielstudien seit dem 19. Jahrhundert. Die Sammlung umfasst auch zahlreiche, alphabetisch geordnete Autografen von Schachspielern und Schachsammlern, die als geschlossener Nachlass in der Handschriftenabteilung verwahrt werden.

[098] SCHIMMELREITER Es ist *die* schleswig-holsteinische Novelle und zugleich ein kleines Stück Weltliteratur, das die Identität und Geschichte unseres Landes wie kaum ein anderes Buch widerspiegelt. Theodor Storm beschreibt in seiner 1888 veröffentlichten Novelle unter der Verwendung alter Sagen den Kampf der Menschen an der Westküste gegen das Wasser und die Naturgewalten. Die Veröffentlichung in Buchform erlebte der Dichter nicht mehr – er starb wenige Wochen vorher an Krebs. Die handschriftliche Originalfassung des »Schimmelreiters« wurde im Jahr 2013 aufwändig restauriert und wird in der Handschriftenabteilung der Landesbibliothek aufbewahrt.

[099] SCHLACHT Über Jahrhunderte ließen siegreiche Feldherren ihre Erfolge auf dem Schlachtfeld in heroischen Bildern für die Nachwelt festhalten. In der Landesgeschichtlichen Sammlung finden sich mehrere solche Gemälde von der Belagerung und Eroberung der Düppeler Schanzen 1864, die den Sieg der Preußen über die Dänen zeigen. Die Landesbibliothek besitzt aber auch die Fotografien aus dem Flensburger Fotoatelier Friedrich Brandt. Dessen Mitarbeiter Jakob Bierfelder lichtete als erster deutscher Fotograf die Düppeler Schanzen nur wenige Tage nach deren Eroberung am 18. April 1864 ab. Seine in Szene gesetzten Fotografien zeigen die preußischen Soldaten in Siegerpose auf den völlig zerstörten Schanzen. Was sie nicht zeigen, sind gefallene Soldaten, denn der Fotograf durfte erst auf das Schlachtfeld, als die Toten bereits beiseite geschafft waren. Auch die heutige Inszenierung des Krieges als eine Reihe von chirurgisch präzisen Militärschlägen blendet die Opfer bewusst aus. So betrachtet sind Brandts Fotografien selbst im 21. Jahrhundert erschreckend modern.

[100] SCHLESWIG-HOLSTEIN Als eigenständiges Land gibt es Schleswig-Holstein noch gar nicht so lange. Bis 1864 gehörten die beiden Herzogtümer Schleswig und Holstein noch zum Dänischen Gesamtstaat, bevor Preußen sie 1867 annektierte und sich als Provinz einverleibte. Als eigenständiges Land existiert Schleswig-Holstein erst seit 1946, als der erste noch von der britischen Besatzungsmacht ernannte Landtag es am 12. Juni 1946 einstimmig zu einem Land erklärte. Mit der rechtlichen Auflösung des preußischen Staates

◄ [098] SCHIMMELREITER

durch den Alliierten Kontrollrat am 25. Februar 1947 wurde dann der Weg für eine staatliche Neuordnung Deutschlands frei. Nach einigem Schwanken, ob sich Schleswig-Holstein mit Hamburg und dem nördlichen Niedersachsen zu einem neuen deutschen Nordstaat zusammenschließen sollte, verabschiedete der inzwischen frei gewählte schleswig-holsteinische Landtag am 13. Dezember 1949 eine »Landessatzung für Schleswig-Holstein«, die bis heute mit Änderungen als Landesverfassung gilt. Selbstverständlich wird ein Exemplar der Landessatzung von 1949 in der Landesbibliothek aufbewahrt.

[101] SCHLESWIG-HOLSTEINISCHES BIOGRAPHISCHES LEXIKON (SHBL) Das »Who is Who« des echten Nordens wurde von 1970 bis 2011 in der Landesbibliothek erarbeitet und umfasst in 13 Bänden die Lebensläufe von ca. 1800 Personen aus allen Bereichen des öffentlichen Lebens, die in den wechselnden Grenzen Schleswig-Holsteins geboren wurden oder hier gelebt und durch ihre Lebensleistung eine besondere Bedeutung für das Land erworben haben. Leider muss Mann oder Frau schon gestorben sein, um historisch dargestellt und in das SHBL aufgenommen werden zu können. Falls Sie ein berühmter Schleswig-Holsteiner sind, lassen Sie sich also ruhig noch etwas Zeit mit Ihrem Eintrag. Herausgegeben wurde das SHBL von der Gesellschaft für Schleswig-Holsteinische Geschichte, dem Verein für Lübeckische Geschichte und Altertumskunde (ab Band 6) und der Schleswig-Holsteinischen Landesbibliothek (ab Band 11). Seit dem Jahr 2020 gibt es das SHBL auch online.

▲ [099] SCHLACHT

[102] SCHRIFTEN Ob über den finanziell stets klammen Dichter Detlev von Liliencron, die skandalumwitterte Schriftstellerin und Malerin Franziska »Fanny« Gräfin zu Reventlow oder den berühmten Arzt Friedrich von Esmarch – die Landesbibliothek sammelt nicht nur Bücher aus und über Schleswig-Holstein, sondern hat selbst auch zahlreiche Schriften veröffentlicht, die auf den besonderen Sammlungen der Bibliothek basieren. Die meisten dieser Publikationen sind aus Ausstellungen hervorgegangen und decken die ganze Bandbreite der Kulturgeschichte unseres Landes ab. Aber auch Kataloge zu Banknoten und Münzen und mittelalterlichem Klosterleben in Schleswig-Holstein oder Kiel auf alten Postkarten aus der Kaiserzeit sind aus Ausstellungen entstanden und unterstreichen so die Bedeutung der Landesbibliothek als wichtige Institution zur Erforschung unserer Landesgeschichte. In Schriftenreihen und Tagungsbänden erscheinen Beiträge zu einzelnen Sammlungen und Objekten, und Jubiläumsbände blicken auf die Bestands- und Institutionsgeschichte zurück. Schriften zur Öffentlichkeitsarbeit berichten über Aktivitäten und Neuerungen in der Bibliothek. Und längst kommt nicht mehr alles gedruckt daher: Auch im Netz ist die Landesbibliothek präsent.

[103] SCHÜTZ Als der dänische König Christian IV. im Oktober 1634 in Kopenhagen die Hochzeit seines ältesten Sohnes Christian mit der sächsischen Prinzessin Magdalena Sybilla ausrichtete, sollte die pompöse Fürstenhochzeit auch das Ansehen des dänischen Königs wiederherstellen, das durch sein erfolgloses Eingreifen in den Dreißigjährigen Krieg arg gelitten hatte. Die Musik für die Hochzeitsfeierlichkeiten leitete der seinerzeit bedeutendste deutsche Komponist Heinrich Schütz, der als Oberkapellmeister am königlichen Hof in Kopenhagen tätig war. 1929 erwarb die Landesbibliothek vier von sieben Stimmheften des »Gesangs der Venuskinder«. Die Canzonetta »O der großen Wundertaten« für vier Soprane, zwei Violinen und Basso continuo sind das einzige erhaltene Exemplar dieses Drucks – und das einzige sichere Zeugnis für Schütz' Anteil an der Musik, die eigens für die Hochzeitsfeierlichkeiten komponiert wurde. Erbprinz Christian starb 1647 noch vor seinem Vater kinderlos.

[104] STADTANSICHT Die sieben Kirchtürme Lübecks zieren das Logo eines bekannten Marmeladenherstellers aus Schleswig-Holstein und haben die Silhouette der Hansestadt zu einer der bekanntesten in Deutschland gemacht. Die Landesbibliothek besitzt zahlreiche historische Ansichten schleswig-holsteinischer Städte. Die frühesten gedruckten Stadtansichten finden sich im Städteansichtenbuch »Civitates Orbis Terrarum« von Georg Braun (1541–1622) und Franz Hogenberg (1535–1590), das in sechs Bänden von 1572 bis 1618 herausgegeben wurde. Es zeigt Ansichten von Lübeck, Flensburg, Itzehoe, Schleswig, Segeberg, Husum, Hadersleben, Kiel, Krempe, Rendsburg, Eutin, Tondern, Tönning, Plön, Heide, Meldorf und Ratzeburg. Darüber hinaus hält die Landesbibliothek zahlreiche einzelne Kupferstiche mit den Ansichten schleswig-holsteinischer Städte aus späteren Jahrhunderten. Auf eine spätere Kopie der Ansicht Kiels von Braun und Hogenberg geht auch die bis heute gängige, aber falsche Bezeichnung des

Westflügels des Kieler Schlosses als »Rantzaubau« zurück, in der der Flügel irrtümlich als Rantzausches Palais bezeichnet wurde, das aber in der Kehdenstraße stand.

[105] STAMMBUCH Wer hatte in der Schule kein Poesiealbum, in das sich Mitschüler oder nette Mitschülerinnen mit ihren guten Wünschen und kleinen Zeichnungen eingetragen haben? Das Stammbuch oder auch »Album amicorum« war der Vorläufer des Poesiealbums und gehörte im 18. Jahrhundert zur studentischen Grundausrüstung wie der Degen. In der Handschriftensammlung der Landesbibliothek befinden sich ca. 100 Stammbücher mit zum Teil aufwändig kolorierten Feder- und Bleistiftzeichnungen oder Aquarellen. Ein besonderes Highlight ist das Stammbuch des Kieler Medizinstudenten Magnus Graf zu Stolberg, der 1780 im zarten Alter von nur 20 Jahren in einem Duell mit einem livländischen Studenten getötet wurde. Neben Versen von Freunden und Kommilitonen finden sich u. a. handschriftliche Widmungen von berühmten Persönlichkeiten wie dem Dichter Friedrich Gottlieb Klopstock oder dem späteren Homer-Übersetzer Johann Heinrich Voß.

[106] TARIFAUTONOMIE Der Kieler Matrosen- und Arbeiteraufstand im November 1918 leitete den Übergang vom Kaiserreich zur Weimarer Republik ein. Im Schatten des politischen Umsturzes vereinbarten die Arbeitgeberverbände und Gewerkschaften am 15. November 1918 im sogenannten Stinnes-Legien-Abkommen die Tarifautonomie. Die Arbeitgeber wurden durch den Großindustriellen Hugo

Stinnes vertreten, die Arbeitnehmer durch den Kieler SPD-Reichstagsabgeordneten und Gewerkschaftsfunktionär Carl Legien (1861–1920). In dieser wegweisenden Vereinbarung erkannten die Arbeitgeber die Gewerkschaften als Tarifpartner an und stimmten dem 8-Stundentag bei vollem Lohnausgleich sowie der Arbeitnehmermitbestimmung in den Betrieben zu. Diese Vereinbarungen haben bis heute Gültigkeit und sind feste Bestandteile unserer sozialen Marktwirtschaft. 1920 organisierte Legien den Generalstreik gegen den rechtsgerichteten Kapp-Lüttwitz-Putsch und trug so wesentlich zur Rettung der jungen Demokratie bei. Ihm zu Ehren wurde die »Fährstraße« 1923 in »Legienstraße« umbenannt. Die Landesbibliothek besitzt ein von Max Liebermann gefertigtes künstlerisch anspruchsvolles Porträt Carl Legiens aus dem Jahr 1919.

[107] TÖNNIES Ferdinand Tönnies (geboren 1855 bei Oldenswort, gestorben 1936 in Kiel) studierte Altphilologie, Geschichte und Philosophie. Er lernte Statistik und forschte zur Nationalökonomie, saß neben Karl Marx im Lesesaal des British Museum, las dessen Hauptwerk »Das Kapital« und entwickelte aus diesen Wissenschaften die moderne Soziologie als eigenständige Fachrichtung. Die Landesbibliothek besitzt im Nachlass Tönnies' neben 10 000 Briefen und zahlreichen Werkmanuskripten in verschiedenen Fassungen auch 167 handschriftlich geführte Notizbücher und Taschenkalender des großen Gelehrten. Sie dokumentieren in einer für einen Nachlass seltenen Breite und Lückenlosigkeit das Leben des Soziologen und lassen die Werk- und Arbeitsprozesse von ihrem Entstehungskontext her aufrollen. Als »ständige Begleiter« des Philosophen geben sie mit ihren zerschlissenen Einbänden, zahlreichen Streichungen, Notizzetteln und Visitenkarten einen tiefen Einblick in die Alltagskultur des Forschers von der Kaiserzeit bis zum beginnenden Nationalsozialismus.

[108] TRACHT Trachten sagen viel über ihre Träger*innen aus. Sie zeigen die regionale Zugehörigkeit, aber auch ihre gesellschaftliche Stellung und ihren Familienstand, z. B. ob eine Frau unverheiratet, verheiratet oder verwitwet ist. Die landwirtschaftlich fruchtbare Probstei ist seit langem bekannt für die besonders malerische Tracht ihrer Frauen, die immer wieder das Interesse der Künstler auf sich zog. 1979 konnte die Landesbibliothek die aquarellierte Originalvorlage des Berliner Kostümkundlers und -bildners Albert Kretschmer (1825–1891) für das Blatt »Zwei Probsteierinnen« des 1870 erschienenen Prachtbands »Deutsche Volkstrachten« erwerben. Das Blatt zeigt zwei junge Probsteierinnen in ihrer volkstümlichen Tracht am Rand eines Getreidefeldes in bodenlangen, breitgefalteten Röcken. Auffallend sind auch die zwei Reihen großer silberner Zierknöpfe auf der Jacke. Auch in Nordfriesland mit seinen Inseln (Sylt, Föhr, Amrum), im Kirchspiel Ostenfeld, in den Elbmarschen, in Blankenese und in Dithmarschen bildeten sich eigene Trachten heraus.

[109] TRADITION … bedeutet wörtlich die Übergabe oder Überlieferung von Überzeugungen und Handlungsmustern von einer Generation an die nächste. Die Bewahrung des kulturellen Erbes Schleswig-Holsteins ist die Kernaufgabe der Landesbibliothek. Um Tradition erfolgreich fortführen zu können, müssen Kultureinrichtungen die jeweils nächste Generation erreichen. Daher passt sich auch die Vermittlung von Tradition der jeweiligen Zeit und ihren Medien an. Die Landesbibliothek wird neben den Aufgaben einer klassischen Bibliothek in Zukunft verstärkt auf neue digitale Vermittlungsformate im Internet setzen, um auch zukünftigen Generationen die lange Tradition unseres Landes nahezubringen. Dabei sind digitale Formate wie z. B. Webseiten oder Online-Publikationen längst ein Teil des kulturellen Erbes geworden.

[110] U-BOOT Was hätten die U-Bootbauer von Thyssen-Krupp Marine Systems (TKMS) wohl zu Wilhelm Bauers Tauchboot gesagt? Als der U-Boot-Pionier Bauer (1822–1875) am 1. Februar 1851 mit seinem bei der Kieler Eisengießerei Howaldt & Schweffel gebauten 8-Meter langen und »Brandtaucher« genannten Tauchboot in der Hörn zur ersten Tauchfahrt aufbrach, verschwand das Boot zunächst wie geplant im Wasser. Allerdings blieb es nach einem Wassereinbruch auf Höhe der heutigen TKMS-Werft auf dem Boden der Förde liegen und tauchte nicht wieder auf. Bauer und seine zwei Besatzungsmitglieder retteten sich erst nach Stunden in einer Luftblase aus dem Boot. Der Brandtaucher konnte aber nicht gehoben werden und blieb bis 1887 auf dem Grund der Förde, bis er bei Ausbaggerungsarbeiten wiedergefunden wurde. Wer heute aus der Landesbibliothek auf das gegenüberliegende Ufer schaut, sieht wie bei TKMS die modernsten konventionellen U-Boote der Welt gebaut werden. Sie werden von außenluftunabhängigen Brennstoffzellen angetrieben und sind mit weitreichenden Torpedos bewaffnet. Bauers Brandtaucher wurde noch von zwei Besatzungsmitgliedern mit Muskelkraft angetrieben und hatte am Bug lederne Greifarme zum Anbringen von Sprengladungen an feindlichen Schiffen. Die Landesbibliothek besitzt einen Holzstich vom Stapellauf des Brandtauchers am 18.12.1850 und zwei Porträts von Wilhelm Bauer, ohne dessen wagemutige Erfindung die Werftarbeiter von TKMS heute keine Arbeit hätten.

[111] UNIVERSITÄT Was wäre aus der beschaulichen Kleinstadt Kiel ohne ihre 1665 gegründete Christian-Albrechts-Universität geworden? Die Kieler Bürger waren von der Idee einer Universität in ihrer Stadt anfangs gar nicht begeistert, weil die Studenten »mit Fressen, Sauffen und allerley leichtfertigem Wesen sehr ärgerlich seyn« könnten. Dennoch wurde die CAU bald zu einem wichtigen Wirtschaftsfaktor in der Stadt und machte Kiel zum intellektuellen Zentrum in Schleswig und Holstein. Heute möchte die Studierenden niemand mehr missen. Von Abbildungen der Gründungsfeierlichkeiten, dem ältesten Professorenmantel bis zu Professorenporträts aus vier Jahrhunderten ist die Landesbibliothek eine wahre Fundgrube zur Geschichte der Kieler Universität. Zum 350. Gründungsjubiläum im Jahr 2015 widmete die Landesbibliothek der CAU eine umfangreiche Sonderausstellung, die im Film »Frieden ist das höchste Gut« festgehalten wurde und anhand der Bibliotheksbestände einen Rundgang durch 350 Jahre Universitätsgeschichte ermöglicht.

[112] UP EWICH UNGEDEELT »Auf ewig ungeteilt« ist eines der bekanntesten und zugleich umstrittensten Schlagwörter der schleswig-holsteinischen Geschichte. Ursprünglich geht es auf das Ripener Privileg von 1460 zurück, in dem der Adel aus Schleswig und Holstein den dänischen König Christian I. zum neuen Herzog von Schleswig und Grafen von Holstein wählte. Im Gegenzug erkannte dieser die Privilegien des Adels an und gelobte, dass Schleswig und Holstein »bliven up ewich tosamende ungedelt«, um zukünftige Landesteilungen unter seinen Erben zu verhindern. Diese Unteilbarkeitsformel wurde im frühen 19. Jahrhundert zum politischen Schlagwort »Up ewich ungedeelt« verkürzt und sollte die Zugehörigkeit beider Herzogtümer zu Deutschland legitimieren, während das Königreich Dänemark am Herzogtum Schleswig als einem dänischen Lehen festhielt. In der Landesgeschichtlichen Sammlung befindet sich ein gusseisernes Wappen, wie es 1844 zum ersten Mal in der Rendsburger Carlshütte hergestellt wurde und später Tausende Häuser schmückte. Allerdings konnte dieses Wappen als Ausdruck einer schleswig-holsteinischen Identität erst nach dem Abzug der Dänen 1864 angebracht werden.

[113] VOLKSERZÄHLUNG Volkslieder und Volkserzählungen spielten in der ersten Hälfte des 19. Jahrhunderts eine bedeutende Rolle, das Nationalbewusstsein der Deutschen zu wecken. Das galt auch für die Schleswig-Holsteiner. So wie die Brüder Grimm deutsche Märchen sammelten, sammelten in den 1840er Jahren die drei Kieler Studenten Theodor Storm, Theodor und Tycho Mommsen Sagen, Märchen und

Lieder aus ihrer Heimat. Unterstützt wurden sie dabei vom Universitätshilfsbibliothekar Karl Müllenhoff, der die Sammlung 1845 unter seinem Namen als »Sagen, Märchen und Lieder der Herzogthümer Schleswig, Holstein und Lauenburg« herausgab. Aber es blieb nicht nur beim Sammeln. Die drei literaturbegeisterten Kommilitonen schrieben auch eigene Gedichte, die sie schon 1843 unter dem Titel »Liederbuch dreier Freunde« in der Schwer'schen Buchhandlung in Kiel publizierten. Über 40 Gedichte stammten aus der Feder Theodor Storms. Die Landesbibliothek besitzt ein Handexemplar des »Liederbuchs« aus dem Nachlass von Theodor Storm mit seinen eigenen Notizen.

[114] VOLKSKUNDE In der Handschriftenabteilung der Landesbibliothek werden die Aufzeichnungen von Volkserzählungen verwahrt, die der Volkskundler und Heimatforscher Gustav Friedrich Meyer (1878–1945) und seine Schüler Paul Selk (1903–1996) und Bruno Ketelsen im Laufe von Jahrzehnten zusammengetragen haben. Auf Reisen durch ganz Schleswig-Holstein betrieben sie volkskundliche Feldforschung und notierten Volkserzählungen auf Basis mündlicher Überlieferungen. Allein die Sammlung Meyer umfasst knapp 35 000 Stichworte zu Märchen, Sagen, Liedern, Reimen, Sprichwörtern und Schwänken aus Schleswig-Holstein. Bruno Ketelsens Sammlung umfasst über 4600 Aufzeichnungen von Volksüberlieferungen der schleswigschen Geest aus den 1930er Jahren, Selks Sammlung über 6400 Aufzeichnungen aus mündlichen Quellen aus Angeln aus den 1930er und 1950er Jahren. Besonderes Augenmerk verdienen auch die

Fotografien vom Leben auf dem Land. Alle drei Sammlungen zeichnen sich aus durch die Authentizität der Texte, die als Quellen aus erster Hand fungieren und Volksüberlieferungen vor dem Vergessen bewahren.

[115] WALL Der heutige Standort der Landesbibliothek im Sartori & Berger-Speicher, Wall 47/51, verrät, dass hier im Mittelalter und in der frühen Neuzeit die Stadtmauer verlief. Nach deren Abriss im 18. Jahrhundert wurde die Straße 1856 in »Damenstraße« umbenannt, was aber gar nichts mit dem heutigen Gewerbe der auf der gegenüberliegenden Straßenseite tätigen »Damen« zu tun hat. Im 19. Jahrhundert war am Wall der Kieler Handelshafen, und auf dem Ufer bis zum Schloss wurden Holzschiffe auf Kiel gelegt und zu Wasser gelassen. Erst mit der Entwicklung des modernen Stahlschiff- und Marineschiffbaus entstanden gegen Ende des 19. Jahrhunderts die Großwerften auf dem Ostufer der Förde, die mit ihren großen Kränen bis heute das Kieler Stadtbild dominieren. Aus der Landesbibliothek gibt es einen der besten Blicke über die Förde auf die letzten verbliebenen Großwerften ThyssenKrupp Marine Systems (TKMS, vormals Howaldtswerke Deutsche Werft AG) und German Naval Yards.

[116] WEBER Der in Eutin geborene Carl Maria von Weber (1786–1826) gehört zu den populärsten Musikern und Komponisten aus Schleswig-Holstein, auch wenn seine Geburtsstadt damals zum Herzogtum Oldenburg gehörte. Webers 1819 komponiertes Klaviersolo »Aufforderung zum Tanz«

galt als schwer spielbar und fand daher Eingang in die Weltliteratur. Alexandre Dumas der Jüngere schrieb in seinem 1848 in Paris erschienenen Roman: »Der Teufel hole diesen Weber und sämtliche Noten und Pianos dieser Welt.« Die Originalausgabe der »Aufforderung zum Tanz« ist eine von etwa 1000 Arrangements, Bearbeitungen und Potpourris von den Werken Webers, die die Landesbibliothek größtenteils von der Stadtbücherei Neumünster übernommen hat. Diese Sammlung liefert einen wertvollen Einblick in die Rezeptionsgeschichte Webers und die Entfaltung des Musikmarktes im 19. Jahrhundert im Allgemeinen.

[117] **WISSENSCHAFT** Wissen schafft Zukunft. An der Christian-Albrechts-Universität, der Fachhochschule Kiel und der Muthesius Kunsthochschule sind rund 35 000 Studierende eingeschrieben. In Exzellenzclustern und Netzwerken haben sich Kieler Forscher aus verschiedenen Einrichtungen und Fakultäten zusammengeschlossen, um interdisziplinär zu den Auswirkungen der Umwelt auf die Entwicklung der Menschen oder zur Zukunft der Ozeane zu forschen. In vielen Bereichen sind Kieler Wissenschaftler international ganz vorne mit dabei. Das GEOMAR Helmholtz-Zentrum für Ozeanforschung Kiel gehört zu den weltweit führenden Forschungseinrichtungen auf dem Gebiet der Meeres- und Klimaforschung. Das Institut für Weltwirtschaft ist eines der großen deutschen Wirtschaftsforschungsinstitute, das u. a. die Bundesregierung in Wirtschaftsfragen berät. Auch außerhalb der Landeshauptstadt arbeiten Schleswig-Holsteiner an der Gestaltung der Zukunft. Die Universität Lübeck

nimmt eine herausragende Stellung im Bereich der Medizintechnik ein, während sich die Europa-Universität Flensburg vor allem auf die Aus- und Weiterbildung von Lehrer*innen spezialisiert hat.

[118] WÖRTERBUCH Sprache ist der wichtigste Träger kultureller Identität. Daher rief der Kieler Germanist Otto Mensing (1868–1939) im Jahr 1902 die Bevölkerung über die Zeitungen dazu auf, Quellen zur niederdeutschen Sprache zu sammeln und ihm zukommen zu lassen. Hieraus entstand in über zwei Jahrzehnten das »Schleswig-Holsteinische Wörterbuch«, das von 1925 bis 1935 als Volksausgabe in fünf Bänden publiziert wurde. Mensing legte bei der Bearbeitung der Einträge besonderen Wert darauf, die kulturellen und sprachlichen Besonderheiten des Landes und seiner einzelnen Regionen herauszuarbeiten. Mensings Wörterbuch ist bis heute weit über die Sprachwissenschaft hinaus eine bedeutende Quelle zur Wirtschafts-, Sozial- und Kulturgeschichte Schleswig-Holsteins. Seine gesammelten Notizen und handschriftlichen Vorarbeiten zum »Wörterbuch« werden in 280 Kästen in der Landesbibliothek verwahrt.

[119] X X-Signaturen werden für Nachlassbibliotheken vergeben. Hierzu zählen zum Beispiel die umfangreichen Bestände aus den Herrenhäusern Rantzau, Noer, Kühren und Salzau mit etwa 7000 Titeln, vor allem aus dem 18. und 19. Jahrhundert. Diese Bibliotheken wurden nach dem Zweiten Weltkrieg, als auch die Gutshöfe in Schleswig-Holstein mit Flüchtlingen überfüllt waren, in die Landesbibliothek gebracht, weil sie in den Herrenhäusern ihrer Besitzer aus konservatorischer Sicht nicht mehr sicher gelagert werden konnten. Sie geben Zeugnis von gut 150 Jahren Adelskultur in Schleswig-Holstein. Die Nachlassbibliothek des berühmten schleswig-holsteinischen Staatswissenschaftlers und Nationalökonomen Lorenz von Stein (1815–1890) wiederum ist mit ihren ca. 5000 Titeln ein herausragendes Beispiel einer Gelehrtenbibliothek. Sie steht geschlossen aufgestellt im Handschriftenmagazin. Steins grundlegende Forschungen zur Gesellschaftslehre und modernen Industriegesellschaft hatten maßgeblichen Einfluss auf den entstehenden Marxismus. Er gilt zugleich als ein Vordenker des modernen Sozialstaats.

[120] Y-SIGNATUR Schleswig-Holstein spielend entdecken – auch das ist in der Landesbibliothek möglich. So verbirgt sich hinter den Y-Signaturen u. a. eine Spielesammlung. »Bingo op Platt« bringt Grundschülern auf Plattdütsch spielerisch Lesen und Schreiben bei. Mit »Monopoly Schleswig-Holstein« entdecken Sie unsere kleinsten Fischerdörfer, längsten Strände und prächtigsten Guts- und Schlossanlagen. »Welkoam iip Lunn! Helgoland – meine Insel« stellt Ihnen Deutschlands einzige Hochseeinsel vor, und mit dem »Dithmarschen Spiel« lernen Sie das flache Land hinterm Deich mit seinen Eigenarten näher kennen. Kommen Sie mit Ihrer Familie in die Landesbibliothek zum Spielen – hier ist für jede Altersgruppe etwas dabei! Wie schrieb schon Friedrich Schiller: »Der Mensch ist nur da ganz Mensch, wo er spielt.«

[121] ZAR Im Kieler Schlossgarten steht neben dem Rantzaubau ein leerer Sessel mit einem großen russischen Doppeladler auf der Lehne. Etwas daneben steht ein kleiner Mann. Es ist Zar Peter III., der im Jahr 1728 als Carl Peter Ulrich von Holstein-Gottorf im Kieler Schloss geboren wurde. 1742 ernannte ihn seine Tante, die kinderlose russische Zarin Elisabeth, zu ihrem Thronfolger. Was für eine Karriere: Dem jungen Gottorfer Herzog winkte der Thron des russischen Riesenreichs. Weit weniger vorteilhaft erwies sich die von ihr 1745 arrangierte Ehe von Peter mit seiner Cousine zweiten Grades Sophie Auguste Friederike von Anhalt-Zerbst, die den Namen Katharina annahm. Kaum war Tante Elisabeth im Januar 1762 gestorben, wurde Peter III. zum Zar von Russland gekrönt. Doch seine Gattin hatte schon ganz andere Pläne. Im Juli 1762 wurde Peter auf Geheiß seiner Frau gestürzt und wenige Tage später ermordet. Nun war die ehrgeizige Katharina selbst am Ziel, bestieg den Zarenthron und regierte Russland bis zu ihrem Tod 1796. Die Landesbibliothek besitzt ein um 1740 entstandenes Ölgemälde, das den jugendlichen Carl Peter Ulrich in glücklicheren Tagen als Großfürst von Russland und Herzog von Holstein-Gottorf zeigt.

[122] ZEITUNG Für einige Menschen ist es der erste Gang am Morgen: Der Weg zum Briefkasten, um die Tageszeitung ins Haus zu holen. Bis in die Mitte des 20. Jahrhunderts waren Tageszeitungen das am weitesten verbreitete Massenmedium, und viele Zeitungen hatten sowohl eine Morgen- als auch Abendausgabe. Von der »Sylter Rundschau« bis zur

»Lauenburgischen Zeitung«, vom »Altonaischen Mercurius« (gegründet 1752) bis zum revolutionären »Spartakus« aus dem Jahr 1919: Die Landesbibliothek hat 80 Zeitungen im Abonnement und ist das zentrale Zeitungsarchiv des Landes Schleswig-Holstein. Je nach Alter und Zustand können die Zeitungen gebunden, mikroverfilmt oder als Digitalisat gelesen werden. Was immer in Schleswig-Holstein passiert ist – wenn Reporter darüber berichtet haben, werden Sie in der Zeitungssammlung der Landesbibliothek fündig.

[123] ZENSUR Artikel 5 des Grundgesetzes für die Bundesrepublik Deutschland lautet: »Jeder hat das Recht, seine Meinung in Wort, Schrift und Bild frei zu äußern und zu verbreiten und sich aus allgemein zugänglichen Quellen ungehindert zu unterrichten. [...] Eine Zensur findet nicht statt.« Das war nicht immer so. Monarchen hatten die Meinungsfreiheit zuvor immer wieder eingeschränkt, um missliebige Stimmen mundtot zu machen. Auch in Schleswig-Holstein gab es eine Pressezensur. In der Revolution von 1848 preschte die Provisorische Regierung für Schleswig-Holstein vor und führte nur einen Tag nach ihrer Ausrufung am 25. März 1848 die Pressefreiheit im Land ein. Das Recht auf freie Meinungsäußerung und das Verbot der Pressezensur wurden in Artikel 23 des Staatsgrundgesetzes für die Herzogtümer Schleswig-Holstein vom 15. September 1848 festgeschrieben. Im selben Jahr fand die Meinungs- und Pressefreiheit auch Eingang in den Grundrechtekatalog der Frankfurter Paulskirche, des ersten frei gewählten deutschen Parlaments, in dessen Verfassungsausschuss die holsteinischen Abgeordneten und

Kieler Geschichtsprofessoren Johann Gustav Droysen, Georg Waitz und Friedrich Christoph Dahlmann eine führende Rolle spielten. Mit dem Grundgesetz des Königreichs Dänemark vom 5. Juni 1849 wurde auch im Königreich Dänemark die Meinungs- und Pressefreiheit eingeführt. Die Landesbibliothek besitzt gedruckte Ausgaben von beiden Staatsgrundgesetzen, die neue Maßstäbe für die freiheitlichen Grundrechte ihrer Bürger setzten.

[124] ZENTRUM FÜR DIGITALISIERUNG UND KULTUR Kann es in einem so vielfältigen Land wie Schleswig-Holstein eine Zentrale geben? Nein, das ist nicht möglich. Da gibt es so unterschiedliche Regionen wie Eigenheiten. Ein Zentrum zu definieren ist also eigentlich nicht möglich. Was bedeutet es dann, an der Landesbibliothek ein Zentrum für Digitalisierung und Kultur zu schaffen? In Zeiten der Digitalisierung haben Zentren freilich ausgedient. Die Idee des Zentrums ist deshalb wenig geografisch gedacht. Vielmehr wird das Haus wie ein Knoten in einem Netzwerk sein, verknüpft mit vielen anderen Kultureinrichtungen, die sich auf dem Weg der digitalen Transformation befinden. Wenn es also ein Zentrum gibt, dann ist es ein Kompetenzzentrum für den digitalen Wandel in der kulturellen Infrastruktur, ein Knotenpunkt mit vielen Verbindungen in der Vielfalt unseres Landes.

[125] ZUKUNFT Die Zukunft ist schon deswegen schwierig zu beschreiben, weil wir sie nicht kennen. Sie zeichnet sich durch unvorhergesehene Ereignisse und Offenheit aus, kurz: Die Zukunft ist kontingent. Was wir nicht wissen, kann uns

▶ [123] ZENSUR

Provisorische Verfügung, die Freiheit der Presse betreffend.

Nachdem bereits durch die Königlichen Patente vom 10ten März d. J. die Censur in den Herzogthümern Schleswig und Holstein aufgehoben worden ist, hat die provisorische Regierung es für nothwendig erachtet, in Betreff der Preßfreiheit zu verfügen wie folgt:

§ 1.

Die Presse ist völlig frei.

§ 2.

Zur Herausgabe einer periodischen Schrift bedarf es fortan keiner Concession.

§ 3.

Die einiger Orten bestehenden Beschränkungen hinsichtlich der Aufnahme von Intelligenznachrichten sollen nicht weiter bestehen.

§ 4.

Ueber Verbrechen und Vergehen, welche durch die Presse begangen werden, wird durch die ordentlichen Gerichte nach den allgemeinen Gesetzen entschieden.

§ 5.

Alle älteren Verfügungen über Preßvergehen sind hiermit aufgehoben.

Rendsburg, den 25sten März 1848.

Die provisorische Regierung.

Beseler. Friedrich, Prinz zu Schleswig-Holstein. M. T. Schmidt.

J. Bremer. F. Reventlou.

in fidem copiae:

Lüders

Da die Mitglieder der provisorischen Regierung, bei dem Drange und Anfange des Geschäftes oft gezwungen sind, an verschiedenen Orten thätig zu sein, ... um keine Stockung in dem Geschäfte eintreten zu lassen, ... bekannt gemacht, daß hinfort die Erlasse der provisorischen Regierung volle Kraft und Gültigkeit haben sollen, wenn sie auch nur von zwei Mitgliedern unterschrieben sind.

Rendsburg, den 25sten März 1848.

Die provisorische Regierung.

Beseler. Friedrich, Prinz zu Schleswig-Holstein. F. Reventlou. M. T. Schmidt.

Bekanntmachung.

Sämmtlichen Behörden der Herzogthümer Schleswig und Holstein wird hiedurch aufgegeben, alle Eingaben, welche nach dem bisherigen Geschäftsgange an die Immediat-Collegien einzusenden waren, bis weiter an die provisorische Regierung in Rendsburg als Dienstsachen einzusenden.

Rendsburg, den 25sten März 1848.

Die provisorische Regierung.

Beseler. Friedrich, Prinz zu Schleswig-Holstein.

F. Reventlou. M. T. Schmidt. J. Bremer.

Die provisorische Regierung.

Rendsburg, den 25sten März 1848.

Beseler. Friedrich, Prinz zu Schleswig-Holstein. F. Reventlou.

M. T. Schmidt. Bremer.

ängstigen oder anregen. Deswegen können wir die Zukunft – ohne ihre Unberechenbarkeit zu ignorieren – gestalten. Eine wichtige Grundlage ist, an die Zukunft zu glauben. Die Schleswig-Holsteinische Landesbibliothek hat eine Zukunft. Sie ist der zentrale Kulturspeicher des Landes; es gibt kühne Pläne zur Umgestaltung als ein offener dritter Ort, an dem Begegnung stattfinden kann – für Menschen untereinander, für Menschen und Wissen, für Menschen und Technik. Die Zukunft findet also statt. Und sie wird eine Landesbibliothek an der Förde sehen, die ihre Aufgabe, Landesgeschichte zu speichern und zu vermitteln, zeitgemäß, offen und sich ihrer Tradition bewusst zu meistern vermag.

Die Texte zu den Begriffen »Offenheit«, »Zentrum für Digitalisierung und Kultur« und »Zukunft« stammen von Martin Lätzel, der Text zur »Historischen Landeshalle für Schleswig-Holstein« stammt von Christian Stocks. Alle anderen Texte stammen von Martin Rackwitz.

Impressum

1. Auflage 2020

ISBN 978-3-529-05052-7

Gesamtherstellung: Wachholtz Verlag

Gestaltungs- und Fotografiekonzept, Satz und Layout:
Björn Schmidt und Teresa Döge

Printed in Germany

Besuchen Sie uns im Internet:
www.wachholtz-verlag.de